Südafrika

Rolf Stöver

Vorwort

Johannesburg 1983, die Apartheid war nicht mehr das, was sie schon mal war, doch sie war noch immer allgegenwärtig, wenn auch in leicht abgeschwächter Form.

Die schwarze Bevölkerung hatte sich im Laufe der Jahre daran gewöhnt, dass sie Teil der ursprünglich getrennten Entwicklung war, dass sie zum Beispiel nicht wählen durfte. Auch dass die Kinder in ihre eigenen Schulen gehen mussten und nur das lernen durften, was dem Regime in seine Politik passte. Die Schwarzen sollten auf diese Weise nur ein bestimmtes Bildungsniveau erreichen. Was in der Welt geschah, wurde ihnen geschickt vorenthalten.

Das Regime war sich dessen sehr wohl bewusst, dass es oberste Priorität sein musste, die Stimmung unter den Schwarzen auf einem positiven Niveau zu halten. Zum Beispiel erhielten die Schulkinder eine warme Mahlzeit und kostenlose Schulbücher, nach dem Motto „Seht her, was wir für euch tun".

Doch solche und ähnliche Maßnahmen waren nur eine Farce, ein Volk wurde auf schlimmste Art und Weise unterdrückt, Die Menschen durften nur in den ihnen zugewiesenen „Homelands" wohnen und mussten um 22 Uhr von der Straße verschwunden sein. Das waren nur einige der Restriktionen.

Dass in Südafrika 50 Millionen Schwarze circa 5 Millionen Weißen gegenüberstanden, konnte niemand wegdiskutieren. Nur der Tatsache, dass sich die schwarzen Stämme teilweise selbst feindlich gegenüberstanden, war es zu verdanken, dass es nicht zu einem Aufstand kam. Das Regime war sich auch dessen bewusst und war Meister der Manipulation. Und die Welt verstand nicht, wie es möglich war, bei diesem Kräfteverhältnis einen Bürgerkrieg zu vermeiden.

Aber es brodelte …

Die Jugend kannte es nicht anders, aber die Älteren wussten, was in ihrem Land, ihrer Heimat geschehen war, schon ihre Vorfahren und Urahnen hatten Südafrika besiedelt, und dann kamen die Weißen und behaupteten, Südafrika sei das Land ihrer Väter. Das wurde so lange propagiert, bis sie es selber glaubten. Diese unmenschliche Politik war den großen Goldvorkommen maßgeblich geschuldet, man brauchte Arbeitskräfte in den Minen, Arbeitskräfte ohne jegliche Rechte …

Dass Freundschaften, sogar Liebschaften zwischen Schwarz und Weiß entstanden, war nicht selten, aber solche ungleichen Liebesverhältnisse durfte es nicht geben, sie waren strikt verboten. Es gab sie dennoch - hinter verschlossenen Türen...

Teil 1

In einem kleinen, aber konservativen Vorort von Johannesburg lebte schon seit einer Generation die deutsche Familie Köhler mit zwei Töchtern und einem Sohn, der bereits im heiratsfähigen Alter war, während die Töchter mit allen negativen Seiten der Pubertät die Nerven der Eltern strapazierten.

Vater Walter Köhler war einst mit seiner damals noch jungen Frau Ilse nach Südafrika ausgewandert. Seitdem arbeitete er als Bergbauingenieur in der Goldminenindustrie. Wie viele eingefleischte Rassisten machten sie keinen Hehl daraus, dass die Rassentrennung Teil ihrer neuen Heimat war, und daher verschwendete man auch keinen Gedanken daran, ob die Politik dieses Regimes moralisch seine Berechtigung hatte. Die Männer schufteten unter Tage, und die Frauen arbeiteten in den Haushalten der weißen Herrschaften. Dabei waren sie meist für lange Zeit von ihren Männern getrennt.

Die weißen „Südafrikaner" lebten mit allem Komfort, den man sich denken konnte, die schwarzen Maids nahmen den Hausfrauen jede Art von Hausarbeit ab, und die Gartenboys sorgten für einen gepflegten Garten, der der üppigen Vegetation, die in Südafrika vorherrschte, gerecht wurde.

Obwohl die Köhler-Töchter ihre Eltern oft bis zur Weißglut trieben, war für diese im Land der Apartheid alles in Ordnung, jedenfalls was die Lebensqualität der weißen Bevölkerung betraf. Bis die langjährige Hausangestellte schwanger wurde und eine neue auf der Wunschliste der Mutter Ilse stand. Das kostete nur einen Anruf, denn Mädchen und Frauen standen Schlange für einen Job in einem Haushalt, es gab ja sonst keine.

So stand ein paar Tage später ein schüchternes Mädchen an der Haustür der Köhlers und bewarb sich, mit der Mütze in der Hand, um den Job. Ilse gefiel das Mädchen, es hatte eine offene und ehrliche Art, sie vereinbarten eine Probezeit von einem Monat. Die junge Frau trat ihren Job sofort an.

Die junge Frau hatte Talent, den umfangreichen Haushalt der Familie Köhler rationell zu führen, sie hatte aber noch etwas, nämlich die Gabe, die beiden aufsässigen Töchter zu bändigen. Mutter Ilse und Vater Walter waren sprachlos, die Töchter waren plötzlich friedlich und umgänglich, hatte sich die Pubertät in Luft aufgelöst?

Sohn Heinz ging schon seinen eigenen Weg, er wollte nicht wie sein Vater in den Bergbau, er strebte eher eine Karriere bei der South African Airways an. Allerdings gab es da ein Problem: Er machte keinen Hehl daraus, dass er nicht konform ging mit dem rassistischen Regime, um es gelinde auszudrücken. Man sagte ihm unmissverständlich, dass er seine Gesinnung ändern müsse. Es war für Heinz ein Konflikt, mit dem er im Moment nicht fertig wurde. Der neuen Maid war er bisher unbewusst aus dem Weg gegangen, nicht weil er sie nicht mochte, er hatte nur keine Lust, sich mit ihr zu beschäftigen. Aber inzwischen sprach er sie wenigstens schon mal mit Namen an, sie hieß Johanna. Und Johanna nahm ihn zur Kenntnis, sie bemerkte, dass Heinz nicht war wie die anderen weißen Jungen seines Alters, er war scheinbar kein Rassist.

Als Heinz ihr eines Morgens zuschaute, wie sie Wäsche aufhängte, fiel ihm plötzlich auf, dass Johanna eigentlich eine schwarze Schönheit war. Er stellte sich vor, wie sie wohl aussehen würde ohne diese hässliche Uniform, die Hausangestellte trugen. Und Heinz, der längst zu einem gutaussehenden jungen Mann herangewachsen war, brauchte seine Fantasie nicht sonderlich anzustrengen, um sich Johanna nackt vorzustellen …

Johanna merkte sehr wohl, dass sie beobachtet wurde, aber sie ließ sich nichts anmerken. Dass plötzlich die obersten Knöpfe ihrer Uniform sich wie von Zauberhand öffneten, war natürlich purer Zufall. Johanna mäßigte ihren Gedankengang, als Vater Walter im Garten auftauchte.

Sie durfte sich nicht mit Heinz beschäftigen - er war weiß, und sie war schwarz -, müßig, sich mit dem Gedanken zu befassen, was ohnehin verboten war. Sie verschwand mit dem leeren Wäschekorb schnell im Haus, aber sie hatte das Funkeln in den Augen des Sohnes gesehen.

Jedes Mal, wenn sie im Garten war, um die Wäsche aufzuhängen, hoffte sie, dass Heinz ihr zusah. Und er tat ihr den Gefallen, im Gegensatz zu ihr war Heinz anders, er pfiff auf die Apartheid, er war der Meinung, dass die Rassisten ihm den Buckel runterrutschen konnten. Vor Leuten, die jährlich Hitlers Geburtstag feierten und Hitlers „Mein Kampf" auf dem Nachttisch liegen hatten, hatte er keinen Respekt, fühlte nur Abscheu ihnen gegenüber. Heinz glaubte insgeheim, dass der Tag nicht mehr weit sein konnte, wo er Johanna ganz nah sein würde, sehr nah, und er wusste auch, dass er mit Johanna auf die Straße gehen würde, er würde mit ihr in die besten Restaurants einkehren, sogar ins Kino würde er sie einladen. Noch nie in seinem jungen Leben war er so fest entschlossen wie jetzt, ja, genau das würde er tun...

Johanna dagegen ging gedanklich nicht so weit, sie hatte zu viel Angst, und trotzdem träumte sie von Heinz jede Nacht, wenn sie allein im Servants' Quarter in ihrem Bett lag, es wäre doch so schön ohne die gesetzlich verordnete Rassentrennung. In ihrem Homeland Soweto hatte sie mal eine verbotene Zeitschrift aus Amerika gesehen, in der Weiße und Schwarze ganz selbstverständlich zusammen verkehrten, sogar heiraten durften. War das die Freiheit, nach der sie sich alle sehnten, obwohl sie nicht einmal wussten, wie Freiheit sich überhaupt anfühlt? Sie stieß auf einen Artikel mit der Überschrift „Die Würde des Menschen ist unantastbar". Johanna wusste nicht, was Würde ist … Woher sollten die Schwarzen in Südafrika das auch wissen?

Nelson Mandela, der Freiheitskämpfer, saß in Cape Town auf Robben Island bis zu seiner Freilassung 1994 ganze 27 Jahre in Haft. Er wusste, was Würde ist, und er hatte einen Traum, ähnlich wie Martin Luther King …

Auch Johanna hatte einen Traum, sie träumte davon, Heinz anfassen zu dürfen, ihn zu fühlen. Und Heinz erging es ebenso, nur hatte er keine Ängste wie Johanna, er pfiff auf die Rassentrennung, weil er glaubte, dass kein Mensch ihm verbieten könnte, eine Frau zu lieben, sie zu spüren und zu fühlen. Seine Eltern, die er liebte, würden nicht verstehen, wenn er ihnen gestände, dass er mit der schwarzen Johanna in Gedanken ein Verhältnis hatte, noch war es Wunschdenken, aber das würde sich bald ändern. Gefühle lassen sich nicht einsperren, glaubte Heinz.

Es war wohl Schicksal, als Vater Walter seinen Sohn zu dem Servants' Quarter schickte, um dort eine kleine, aber fällige Reparatur vorzunehmen. Dann geschah, was geschehen musste, Heinz stand wie aus dem Nichts einer nackten Johanna gegenüber, überwältigt von ihrer natürlichen Schönheit, blieb er wie erstarrt stehen. „Komm rein“, sagte Johanna wie selbstverständlich … Heinz verbrachte die Nacht im Servants' Quarter.

Am nächsten Morgen saß Heinz mit seinen Eltern und seinen Schwestern am Frühstückstisch, er hatte das Gefühl, über Nacht erwachsen geworden zu sein, und er wusste sogleich, dass er zum Kämpfen verurteilt war, aber er fühlte sich stark und entschlossen genug, die Herausforderung anzunehmen.

Nach dem Frühstück bat er seinen Vater in den Garten, er suchte das Gespräch mit ihm, allein in dem Glauben, dass er ihn wahrscheinlich auf die Straße setzen würde, doch dem war nicht so. Sein Vater hatte bemerkt, was sich hinter seinem Rücken abspielte, auch war ihm die Schönheit der Johanna nicht entgangen. „Mein Junge“, sagte er, „verbieten hat keinen Sinn, aber du wirst einen schweren Weg gehen müssen, du wirst viele Feinde haben - aber auch Freunde. Die Tür hier steht dir immer offen, auch wenn ich deine Gesinnung nicht teile.“ Damit war für Heinz der Schritt getan, vor dem er sich gefürchtet hatte, die Loslösung - in Frieden allerdings - von seinem Elternhaus.

Und wieder sah er Johanna, als sie nackt vor ihm stand, so natürlich, in ihrer Kultur war Nacktheit etwas ganz Natürliches und alles andere galt als verwerflich. Das Verwerfliche war erst in der Kultur der Weißen entstanden.

Johanna, die ihren freien Tag hatte, setzte sich zu ihm. „Danke“, sagte sie. „Und jetzt machen wir einen Spaziergang, du und ich, sofort.“ Heinz wollte nicht glauben, was er gerade gehört hatte, Johanna hatte all ihren Mut zusammengenommen und wagte den ersten Schritt in ihre Zukunft. Gemeinsam verließen sie das elterliche Haus.

Johanna trug nicht die Uniform einer Hausangestellten, sondern normale, zivile Kleidung, und Heinz unterstrich ihr Vorhaben noch, indem er wagemutig Johanna bei der Hand nahm. So spazierten sie durch das Einkaufszentrum ihres Vorortes. Natürlich drehten sich Leute nach dem seltsamen Paar um, wohl in dem Glauben, dass es sich um ein Paar aus Amerika handeln musste. So nahm niemand wirklich Anstoß, weil ja auch nicht sein konnte, was nicht sein darf. Dass Spaziergänger ihrer Verwunderung Ausdruck verliehen, wiederholte sich ein paar Mal mit dem gleichen Ergebnis.

Bis Nachbarn dahinterkamen, dass im Hause Köhler gegen die Rassengesetze verstoßen wurde. Mutter Köhler kam nun in Bedrängnis, weil sie den ganzen Tag zu Hause und den verbalen Angriffen ständig ausgesetzt war. Noch hatte niemand Anzeige erstattet, aber um dem zuvorzukommen, kündigte sie Johanna fristlos.

Heinz hatte vorgesorgt, es war ja auch vorhersehbar, dass sie auf der Straße landen würden. Das Mariston Hotel im Zentrum von Johannesburg war unter der Hand bekannt, dass man bezüglich des internationalen Standards die Regularien nicht so genau nahm, solange ein Weißer den Mietvertrag unterzeichnete. Das Hotel hatte 40 Stockwerke, die ersten 20 waren ausschließlich dem Hotelbetrieb vorbehalten, die anderen 20 waren in ihrer Bauweise identisch, aber als Appartements deklariert mit dem Vorzug eines Hotelservices. Außerdem boten eine Bar und eine Restaurant ihren Service an.

Heinz hatte eines dieser Appartements für sich reserviert. Obwohl sein Vater nicht seine Gesinnung teilte, unterstützte der ihn - heimlich, Mutter Ilse wusste davon anscheinend nichts.

So landete das Paar im Mariston Hotel, Johanna erfuhr erneut den Luxus der weißen Gesellschaft, eingetauscht gegen die Armut in ihrem Homeland Soweto. Der Hotelgarten, obwohl im Zentrum von Johannesburg, hatte einen tropischen Garten mit einem einladenden Swimmingpool.

Johanna war den gemäßigten Luxus im Hause der Köhlers gewohnt, aber hier traute sie sich nicht vor die Tür. Heinz versuchte, sie zu überreden, in den Pool zu gehen, aber der fehlende Badeanzug sprach dagegen - und was sollten die Leute sagen, eine schwarze Frau, hier ... Heinz war hilflos, Johanna fühlte sich wie in einem Gefängnis.

Am nächsten Tag kaufte er einen pinkfarbenen, gewagten Bikini in einem der erlesenen Modegeschäfte in Johannesburg, auch sonst passte er die Garderobe für Johanna der der weißen Frauen an. Beladen mit Einkaufstüten kehrte er ins Mariston Hotel zurück. Er fand Johanna in ihrem gemeinsamen Zimmer mit dem Zimmermädchen Daisy, das Johanna eingehend auf das Leben in der Stadt vorbereitete. „Du bist hier nicht die schwarze Maid aus Soweto, du bist die schwarze Frau, die was auf sich hält, und du bist schön, sehr schön.“ Johanna hatte aufmerksam der schwarzen Daisy, die durch das Hotel in der Welt der Weißen lebte, zugehört.

Heinz packte seine Einkäufe aus. Zögernd zog Johanna aus, was sie anhatte, und probierte den Bikini an. „Fantastisch!“, riefen Heinz und Daisy gleichzeitig. „Morgen früh ziehst du den Bikini an, und ich bringe dir das Schwimmen bei“, sagte Heinz. „Vielleicht“, murmelte Johanna und streifte ihre Kleider über.

Als Daisy gegangen war, fiel Johanna Heinz um den Hals. „Ich werde tun, was du möchtest“, sagte sie, „aber du musst verstehen, ich bin in einer anderen Welt aufgewachsen. Nur mein Urgroßvater erzählt uns manchmal, wie schön wir gelebt haben, bevor die Weißen aus Europa kamen und das Gold fanden. In einigen alten Büchern haben wir gelesen, dass Cape Town nur eine Seefahrerstation war, wo die Indiensegler Lebensmittel aufnahmen. Die Station wurde immer größer, und immer mehr Leute wurden sesshaft, zogen allmählich gen Norden und fanden durch Zufall die riesigen

Goldvorkommen. So entwickelte sich Johannesburg, die einzige Großstadt, die nicht an einem Fluss gebaut wurde - sondern am Gold. Und wir Schwarzen waren nichts mehr wert, nur zum Arbeiten, wozu wir gezwungen wurden. Wo sind all unsere Traditionen geblieben …

Und morgen bringst du mir bitte das Schwimmen bei, dann bin ich die Erste in meiner Familie, die schwimmen kann. Und können wir jetzt tun, was du mir nicht beibringen musst …?“, fragte sie Heinz mit einem verschmitzten Lächeln. Johanna hatte sich inzwischen ausgezogen.

Dass Johanna im Mariston Hotel zwar geduldet, aber nicht gern gesehen war, bekamen sie noch am gleichen Abend zu spüren, der Hotelmanager klopfte energisch an die Zimmertür. „Mir wurde gemeldet, dass sich hier eine Schwarze aufhält, ist das richtig?“, fragte der Mann respektlos. „Ja“, antwortete Heinz wahrheitsgemäß, „ich beherberge eine schwarze Person im Badezimmer.“

„Ich mache Sie darauf aufmerksam“, sagte der Mann in seiner unfreundlichen Art, „dass wir Schwarze nicht gern sehen, höchstens dulden. Ich gehe davon aus, dass Sie wissen, wie Sie sich zu verhalten haben.“ In dem Moment kam Johanna aus dem Badezimmer in ihrem

Bikini, dem Mann verschlug es die Sprache. „Aha“, sagte er gedehnt, „eine Nutte. Ich werde mir erlauben, darauf zurückzukommen.“ Sprach’s und knallte die Tür zu. Johanna sagte kein Wort, zog den Bikini wieder aus und verschwand nackt unter der Bettdecke.

Heinz verstand ihre Reaktion nur zu gut, nur geduldet zu sein im eigenen Land musste erst mal verdaut werden. Wie erging es wohl den Älteren, die noch wussten, wie sich Freiheit anfühlt?

Johanna weinte unter ihrer Bettdecke, gerade noch hatte sie stolz ihren Bikini getragen, der wie für sie gemacht worden war. Jetzt war sie eine Nutte!

Heinz wusste, was das bedeutete, der Hotelmanager durfte zwar nicht, aber er konnte sich bedienen und Johanna nach Lust und Laune nehmen. Sollte sie sich wehren, würde sie ohne Gerichtsverhandlung im Gefängnis landen, Johanna würde Freiwild für jedermann.

Automatisch dachte Heinz an die vielen illegalen Shebeens in den Hinterhöfen der Stadt, Kneipen, die es offiziell gar nicht gab, aber nur zu gerne von den weißen Herren heimlich aufgesucht wurden, um ihre fragwürdigen Bedürfnisse zu befriedigen. Für die Mädchen in diesen Bars war es eine Frage des Überlebens ihrer Familien, die in den Homelands lebten, wo es keine Arbeit gab.

Hin und wieder wurden die Shebeens von der weißen Polizei geräumt, die Mädchen nahmen sie dann mit - und wehe, sie wagten es, sich zu wehren! Dann verschwanden sie für lange Zeit im Gefängnis. Eine Frage, die man besser einem Buren, weißem Südafrikaner, nicht stellte. Blieb die Frage: Woher kamen eigentlich all die Mischlinge?

Heinz taten die Mädchen leid, sie machten ja nicht zum Vergnügen die Beine breit, sondern schickten jeden Cent ihren Familien. Die Buren scherten sich einen Teufel darum, wie es den Mädchen ging, es waren ja nur Schwarze …

All das ging Heinz durch den Kopf, als Johanna unter der Bettdecke weinte, er versuchte, sie in den Arm zu nehmen, aber sie ließ es nicht zu. „Weißt du“, sagte sie plötzlich mit fester Stimme, „wenn dieser Mann mich anfasst, dann bringe ich ihn um, ich schwöre!“

Dann erzählte sie ihm, in ihrer Zeit in Soweto hätte sie gelernt, sich zu verteidigen. Ein Lehrer, ein Zulu, hatte ihr das Wichtigste beigebracht. Die Zulus waren für ihre kriegerischen Fähigkeiten im gesamten südlichen Afrika besten bekannt. „Und womit gedenkst du dich zu verteidigen?“, fragte Heinz naiv. „Ich brauche nur meine Hände“, sagte Johanna mit einem Unterton in der Stimme. Heinz glaubte ihr aufs Wort.

Trotz der bedrückenden Stimmung bescherte Johanna ihrem weißen Geliebten eine überaus sinnliche Nacht, die erste Nacht im Mariston Hotel. Und es war auch die erste Nacht außerhalb seines Elternhauses. Seine streitbaren Schwestern fehlten ihm, stellte Heinz fest. Dann fiel ihm der Hotelmanager ein, und schon war die gute Stimmung dahin.

In Johanna musste letzte Nacht eine Wandlung stattgefunden haben, sie war gut gelaunt, und zu Heinz' Überraschung forderte sie den angekündigten „Schwimmunterricht" ein. Demonstrativ zog sie ihren Bikini an, erst jetzt bemerkte Heinz, wie atemberaubend Johanna in dem winzigen Stück Stoff aussah, sie hatte eine Figur, die im Volksmund einen „Waffenschein" benötigte. Dann wollte sie, so wie sie war, zum Fahrstuhl, im letzten Moment warf Heinz ihr seinen Bademantel zu.

Am Pool angekommen, sorgte Johanna bei den Männern für einen Adrenalinschub, und das, obwohl sie schwarz war. Sie war auch nicht die einzige Schwarze am Pool, und niemand nahm Anstoß an ihrer Anwesenheit. Bis Heinz durch Zufall herausfand, dass die anderen schwarzen Frauen keine Südafrikanerinnen waren, sondern Botschaftsangestellte aus Simbabwe.

Heinz ging mit Johanna in den Nichtschwimmerbereich, nur ganz vorsichtig machte sie auf seinen ausgestreckten Armen die ersten Schwimmversuche. Als die ersten Pfiffe von einigen Balkonen ertönten, beendeten sie die erste Schwimmstunde und zogen sich an einen abseits gelegenen Tisch zurück. Doch auch hier blieben sie nicht ungestört, der Hotelmanager hatte sie längst entdeckt, und sein Blick auf Johanna, die „Nutte", sprach Bände …

Nur die Tatsache, dass Heinz offenkundig ein Bure war und der Manager die Nutte für einen Fehltritt hielt, sah er davon ab, sich zu nehmen, wonach ihm so dürstete, vorerst … Da die weißen Frauen sich nicht für ihn interessierten, bevorzugte er schwarze, mit denen konnte er nach Belieben machen, was er wollte, und die Widerspenstigen peitschte er einfach aus. Das jedenfalls erzählten sich die schwarzen Hotelangestellten heimlich, zu groß war die Angst, den ach so begehrten Job zu verlieren!

Heinz war sich vollkommen im Klaren, dass, wohin sie auch gingen, Typen wie der Hotelmanager sie überall finden würden, sie mussten sich einfach ein dickes Fell zulegen. Anscheinend ging ihm Johanna entschlossen voraus, sie war nicht mehr die Johanna, die vor nicht allzu langer Zeit an die Tür der Familie Köhler geklopft hatte. So schön sie auch war, so kämpferisch schien sie sich zu entwickeln.

Wieder oben in ihrem Appartement, zog sich Johanna an, die neuen Kleider, die Heinz gekauft hatte, waren nicht ganz ohne, ein Rock war für eine Schwarze wohl zu kurz, aber Johanna bestand darauf, genau den zu tragen. Ihre Beine und der kurze Rock waren ein Hingucker für jedes Männerauge, und Johanna war sich dessen wohl bewusst.

Inzwischen war Daisy zum Saubermachen aufgetaucht. „Damit provozierst du nur", gab Daisy zu bedenken, als sie Johanna in ihrem kurzen Rock sah, „weiße Frauen tragen solche Röcke." Mit Blick auf ihre schlanken Beine erwiderte Johanna nur: „Und jetzt auch schwarze." Johanna wusste genau, was sie tat.

Anschließend ging das Paar in die Hotelbar, für Johanna war es das erste Mal in ihrem Leben, dass sie eine solche Bar betrat, sie bekam Schwellenangst, in diesen Luxus einzutauchen. Sie fielen sofort auf, ein schwarz-weißes Paar sowieso, und die außerordentliche Erscheinung der Johanna tat ihr Übriges. Es wurde auffallend still in der Bar, bis man sich an Johanna sattgesehen hatte. Von den Männern traute sich keiner, die Johanna anzusprechen, wohl auch, weil sie in Begleitung war.

Später stand ein weißer Mann auf und sprach das ungleiche Paar an. Es war zunächst unklar, was der Mann überhaupt wollte, doch dann wurde Heinz plötzlich klar, der Mann war ein Freiheitskämpfer, das hieß, er kämpfte für die Freiheit und die Würde der schwarzen Mehrheitsbevölkerung … Der Mann hatte sie lange beobachtet und war zu dem Schluss gekommen, dass es sich bei Heinz und Johanna nicht um ein ausländisches Paar handelt, sondern um Südafrikaner, die den Mut hatten, offen kundzutun, dass ihnen die Rassentrennung egal war. Johanna trug die provozierende Kleidung einer modernen weißen Frau, und Heinz zeigte unmissverständlich, dass sie ein Liebespaar waren.

Der Mann hatte klare Worte zu dem Thema, er glaubte, dass ein Prostest durchaus Wirkung zeigen könnte, wenn Proteste unter den Augen der Weltöffentlichkeit geschickt verkauft wurden. Der Einzelne hatte keine Chance. Aber die Welt schaute zu, was passiert im Land der Rassentrennung, und die Buren nahmen die Resonanzen aus der Welt sehr ernst, mehr als sie sich selbst zugestanden.

Dass 50 Millionen Schwarze von 5 Millionen Weißen derartig und unmenschlich unterdrückt werden konnten, war für die Weltöffentlichkeit schlicht und ergreifend ein Rätsel, und deswegen war man so sensitiv auf zögerliche Proteste, die von Seiten des Regimes durch geschickte falsche Propaganda ins Gegenteil manipuliert wurden. Dass namhafte europäische Firmen Südafrika aus Protest verließen, fiel eher den weißen börsenorientierten Fachleuten auf und bestimmt nicht der schwarzen Bevölkerung. „Und deshalb“, meinte der Mann, „habt ihr eine große Zukunft, ihr seid jung, ihr habt den Mut der Jugend, und zusammen mit Gleichgesinnten könnt ihr was bewegen, die Zeit und die Zukunft ist auf eurer Seite. Es gibt zum Beispiel Gerüchte, dass man darüber nachdenkt, dem Druck der westlichen Staaten nachzugeben und Nelson Mandela unter Auflagen freizulassen, ein Zeichen zu setzen … Glaubt mir“, sagte der Mann, „es bewegt sich was, etwas Gutes.

Und jetzt wird es Zeit, dass ich mich euch vorstelle, ich bin der Bruder von Denis Goldberg, dem Freiheitskämpfer, der im Gefängnis sitzt. Er hat fest daran geglaubt, dass jeder Mensch, egal welcher Hautfarbe und welchen Glaubens, das Recht hat, in Freiheit zu leben. Er wäre fast mit Nelson Mandela zusammen dafür hingerichtet worden Wenn jemand etwas bewegen kann, dann die Jugend von heute, und ihr beiden seid etwas ganz Besonderes, ihr seid ein schwarz-weißes Liebespaar. Ihr seid in meinen Augen die Hoffnung dieses wunderschönen Landes mit Menschen, die fest daran glauben sollten, dass sie wieder frei werden, frei, wie ihre Urahnen es mal waren, sie haben es verdient … Wenn Gott will, sehe ich euch wieder, es wäre schön, wenn sich unsere Wege eines Tages wieder kreuzen, in einem freien Land. Und dann“, sagte er, „ist Nelson Mandela Präsident, er ist der Mann, der Südafrika ohne Rachegefühle in einen dauerhaften Frieden für alle führen kann.“ Nach diesen Worten verschwand Denis Goldbergs Bruder.

Heinz wandte sich Johanna zu, die weinte still vor sich hin. Eine Weile sprachen sie kein Wort, der Mann hatte genau den Punkt getroffen, weswegen Heinz das Elternhaus verlassen hatte, es war kein einfacher Protest, es war mehr, viel mehr...

Heinz schnappte verschiedentlich Gespräche zwischen Gästen auf und erfuhr zu seinem Erstaunen, dass die Bar ein Treff für Männer, die ein Abenteuer mit einer Schwarzen suchten, war. Das Mariston Hotel war diesbezüglich ein Geheimtipp, erfuhr Heinz auch. Doch niemand traute sich, Heinz seine „Nutte“ abspenstig zu machen, da er eine beachtliche Größe und auch eine sportliche Figur aufzuweisen hatte. Männer, die seine Johanna ständig mit den Augen auszogen und die Vorzüge einer schwarzen Frau im Bett hervorhoben, waren auf Dauer nicht zu ertragen.

An der Hotelrezeption fragte Heinz nach Herrn Goldberg, dem Mann, der sie so beeindruckt hatte und plötzlich verschwunden war. Doch Herr Goldberg war abgereist, um seinen Bruder Denis, der bekanntlich im Gefängnis in Kapstadt saß, zu besuchen. Doch Heinz hatte gehört, dass eine Besuchserlaubnis nicht existiere. Aber vielleicht wusste Herr Goldberg es besser.

Auf ihrem Zimmer diskutierten Johanna und Heinz noch lange das Erlebte, doch eine Strategie war noch nicht erkennbar, sie beschlossen, die Dinge einfach auf sich zukommen zu lassen. Es war wohl alles zu schnell gegangen. Plötzlich hatte Heinz das Gefühl, dass Johanna ihm etwas verschwieg, aber er glaubte, dass es besser sei, wenn sie sich von sich aus ihres Problems entledige, wenn es denn eins war. Doch Johanna blieb seltsam still, und ihre Angelegenheit behielt sie erst mal noch für sich.

Am nächsten Morgen beim Frühstück bemerkte Heinz, dass Johanna jetzt was loswerden wollte, zögernd fing sie an zu reden. „Weißt du“, sagte sie, „du bist der Erste, dem ich es erzähle, ich erzähle es dir, weil ich ... es einfach loswerden muss. Meine Mutter ist damals auf bestialische Weise vergewaltigt worden, die Täter waren betrunkene Weiße … Meine Mutter hat unter den Folgen sehr gelitten, sie hat es nie vergessen, es war allgegenwärtig. Sie hat diese Menschen gehasst, obwohl sie mir als junges Mädchen beigebracht hat, dass Hass der falsche Weg ist. Heute begreife ich, was sie mir damit sagen wollte. Ich habe endlich begriffen und gelernt, dass Hass zu immer mehr Hass führt. Meine Geschwister und ich haben uns in Frieden von ihr verabschiedet, wir alle hoffen, dass sie endlich ihren gefunden hat. Meine Mutter ist tot …

Ich bekämpfe dieses Regime und nicht einzelne Menschen, bei euch in Deutschland sind alle diesem Hitler gefolgt, und als das Ganze zusammenbrach, wollte niemand ein Nazi gewesen sein, stimmt's?" Sie schaute Heinz mit fragendem Blick an. „Ja", sagte Heinz nachdenklich … „Woher weißt du das eigentlich?", fragte Heinz auf einmal. Johanna nahm ihren Geliebten in den Arm, sie war froh, dass sie Heinz eingeweiht hatte. „Weißt du, bevor ich für euch gearbeitet habe, hatte ich schon eine Stelle im Haushalt, auch bei einer deutschen Familie. Dort lag ein Buch in englischer Sprache auf dem Wohnzimmertisch mit dem Titel „Der Untergang der Nazis". Das Buch habe ich mehrmals gelesen, weil die Parallelen zu unserem Regime hier in Südafrika zu spüren sind ... Auch hier wird eines Tages niemand ein Rassist gewesen sein wollen, es waren immer die anderen … Und jetzt möchte die zweite Stunde Schwimmunterricht, auf deinen Armen, es ist ein schönes Gefühl."

Johanna zog sich schnell aus und den pinkfarbenen Minibikini an. Wenn Heinz ihr nicht den Bademantel hinterhergeworfen hätte, wäre sie so, wie sie war, an der Rezeption vorbeimarschiert. Johanna hatte jetzt ausgesprochen gute Laune!

Es war, als hätte sie sich von etwas befreit, und dazu gehörte auch das Gespräch am Vorabend mit dem Bruder von Denis Goldberg. Heinz hoffte insgeheim, den Mann noch einmal wiederzusehen, er und auch Johanna hatten ihm so gerne zugehört, der Mann hatte in allem Recht.

Jetzt nahm Johanna ihren Liebsten erst mal voll in Anspruch, sie zappelte auf Heinz' Armen und nahm seine Unterstützung nicht ernst, bis er schließlich aufgab und sie strampelnd unterging, denn sie waren im Schwimmersektor. Als er sie prustend wieder aus dem Wasser zog, hatte sie kein Bikinioberteil mehr an, sie musste es verloren haben. Einige Gäste auf den Balkonen des Hotels fanden dieses Malheur durchaus anziehend, die Pfiffe waren nicht zu überhören. Doch Johanna fand es völlig normal, nackt zu sein, sie war so aufgewachsen.

Heinz versuchte, das Stück Stoff auf dem Grund des Pools zu finden. Er tauchte immer wieder, bis er einsehen musste, dass die Filteranlage den Bikini durch das Gitter der Ansaugöffnung gezogen hatte. Als dann die Filteranlage ihren Geist aufgab, wusste Heinz, dass er jetzt ein Problem hatte: Der Hausmeister musste kommen und den Bikini wieder aus der Pumpe holen. Der ließ sich Zeit, denn der Anblick der nackten Johanna war ja weitaus verführerischer und noch gratis dazu.

Kaum jemand der Hotelgäste konnte behaupten, dass er das hübsche, nackte schwarze Mädchen noch nicht gesehen hatte. Wenn nicht, hatte man aber zumindest davon gehört. Irgendjemand nannte Johanna die Nixe, die hatte auch nichts an.

Von der Pooltoilette für Weiße schaute der Hotelmanager mit verklärtem Blick zu. Nebenan war die Toilette für Schwarze. In ganz Südafrika war man es gewohnt, getrennte Toiletten zu benutzen: Schwarze links, Weiße rechts!

Heinz erinnerte sich, als er vor Monaten in der Stadthalle von Johannesburg war, gab es dort nur Toiletten für Weiße. Als Heinz den

Platzanweiser fragte, wo denn die Toiletten für Schwarze seien, bekam er barsch zur Antwort: „Wozu, Schwarze dürfen hier nicht rein, wozu dann Toiletten für die Herrschaften?“

Als der Hausmeister endlich in der Hand hielt, was einmal ein Bikinioberteil gewesen war, war die kostenlose Vorführung der nackten schwarzen Schönheit längst vorbei, Heinz hatte sich an den Bademantel erinnert. Der Bikini wanderte in den Mülleimer.

Im Erdgeschoss des Hotels gab es eine kleine Boutique, wo außer Andenken auch Bikini anboten wurden – in Weiß! „Ein weißer Bikini auf kaffeebrauner Haut, ein Traum“, dachte Heinz.

Als sie an ihrem Appartement ankamen, war die gute Laune schlagartig vorbei, an ihrer Tür hing ein Zettel mit folgendem Wortlaut: „Schwarze Nutten in diesem Hotel werden von jedem gefickt, ob sie wollen oder nicht, wenn sie sich wehren, lernen sie den Pfahl kennen. Du bist die nächste!“

„Das“, meinte Heinz, „kann nur von dem Manager kommen, er hat dir ja zugeschaut, als du deinen Bikini verloren hast … Was machen wir jetzt?“, fragte Heinz nachdenklich, „der Mann will dir an die Wäsche, und du darfst dich gegenüber einem Buren nicht wehren, denn dann kannst du sicher sein, dass du im Gefängnis landest, man wird sagen, dass du ihn angegriffen hast, und dann ist das Gefängnis das kleinere Übel. „Ich weiß, aber er wird sich wundern", erwiderte Johanna nur. „Versprich mir", sagte Heinz, „dass du ihn nicht provozierst."

Am nächsten Tag musste Heinz zu einem Vorstellungsgespräch, den Termin hatte er schon vereinbart, als er noch in seinem Elternhaus war, es war eine alteingesessene deutsche Firma, die in dem Ruf stand, dem Regime nicht gerade freundlich gegenüberzustehen. Oder besser, sie hielt sich weder pro noch kontra und machten sich damit keine Feinde.

Als Heinz das Mariston Hotel verließ, hatte er kein gutes Gefühl, aber er brauchte einen Job, sein Vater würde ihn nicht für immer unterstützen, und hier bot sich eine vielversprechende Möglichkeit. Das Gespräch konnte er mit dem Personalchef auf Deutsch führen, es war die Hauptbedingung, eine Stunde später nach einem sehr aufschlussreichen Gespräch und nachdem Heinz hatte durchblicken lassen, dass er kein Freund der gegenwärtigen Regierung sei, hatte er den Job. Obwohl er noch viel lernen musste, besaß er schon Vorkenntnisse im Bergbau. Er durfte aktuell kommunizieren zwischen dem Hauptsitz der Firma und den Minen, und dafür bekam er, wie üblich in Südafrika, einen Firmenwagen. Nun hatte er ein Einkommen, einen Firmenwagen und war weitestgehend mobil.

Er hatte ja jemanden, auf den er aufpassen musste, Johanna war im Mariston Hotel nicht sicher, aber wo war sie das schon, als schwarze junge Frau, dazu mit einer Figur, nach der sich jeder Bure die Finger leckte. Nicht alle, aber die hartgesottenen nahmen sich einfach, was ihnen gefiel. Es war gang und gäbe, eine schwarze Frau im Auto auf den Rücksitz zu verfrachten, bei einer der vielen Kontrollen konnte man ja sagen, dass die Dame eine Hausangestellte sei, sie war dann auch entsprechend angezogen. Die Polizisten wussten aber in der Regel Bescheid, nickten und winkten die Kontrollierten einfach durch. Wenn ein Shebeen „ausgeräumt" worden war, wurden die vergitterten mobilen Gefängnisse zu Zwangsbordellen, aus denen alles andere als Freudenschreie zu hören waren.

So manch einer hatte sich damals immer wieder gefragt, was die schwarzen Mädchen zu Freiwild machte, warum standen 50 Millionen Schwarze nicht auf, warum ließen sie es in ihrem eigenen Land zu, auf diese Weise misshandelt und erniedrigt zu werden?

Johanna hatte Heinz versprechen müssen, ihr Zimmer nur zu verlassen, wenn es unbedingt nötig war. Eine Weile ging alles gut, Heinz ging seiner Arbeit nach und machte Fortschritte, an Johanna und ihren Anblick hatten sich die meisten Gäste gewöhnt, es waren ohnehin meistens Gäste aus Europa oder Amerika, die sich einigermaßen gegenüber Johanna benahmen. Die Hotelbar mieden beide, dort hielten nach wie vor einheimische Männer nach schwarzen Mädchen Ausschau. Die richtigen Rassisten waren hier nicht zu finden, sie suchten nicht ... Sie nahmen sich, und wenn nötig, scheuten sie auch nicht vor einer Vergewaltigung zurück.

Als Heinz zwei Tage für seine Firma unterwegs war, wagte Johanna einen Ausflug nach Soweto, um ihre Schwestern zu besuchen. Es war ein Ausflug in ihre Vergangenheit, und der führte ihr wieder die Realität des alltäglichen Lebens in Soweto vor Augen. Ihr Leben in Johannesburg war um vieles besser, aber nur weil Heinz ein Weißer war und für das Appartement unterschrieben hatte. Dass Johanna wieder einen Zettel an ihrer Tür gefunden hatte, verschwieg sie Heinz, sie wollte ihn nicht beunruhigen.

Da Johanna sich inzwischen mit dem Zimmermädchen Daisy angefreundet hatte, zog sie die junge Frau in ihr Vertrauen und erzählte ihr von dem aufdringlichen Manager und auch von der Drohung. Daisy hörte ihr aufmerksam zu und sagte dann nichts, sie schwieg, schien aber etwas sagen zu wollen, doch sie zog es vor zu gehen. „Ich komme heute Abend wieder, dann ist der Manager in seinem Club. Bis nachher.“ Und weg war sie.

Daisy hatte Johanna offenbar etwas Wichtiges zu sagen, wobei der Manager sie nicht erwischen durfte. Nachdenklich zog sie ihren weißen Bikini und den Bademantel an und fuhr mit dem Lift hinunter. Mutig wagte sie sich ins Wasser, und siehe da, sie konnte sich schon allein über Wasser halten, aber sie hielt sich immer noch im Bereich für Nichtschwimmer auf. Aber immerhin ein Achtungserfolg, stolz würde sie Heinz ihre bescheidenen Fortschritte zeigen, wenn er von seiner Dienstreise zurückkehrte.

Doch ihre Freude wurde getrübt, als sie aus den Augenwinkeln sah, dass der Manager wieder an dem Toilettenhaus für Weiße stand und dem Mädchen im weißen Bikini genussvoll zuschaute. Was ging in ihm vor? Johanna dachte an Daisy, was würde sie berichten? Sie wusste nur, dass es etwas Bedrohliches sein würde, sonst hätte sie sich nicht so geheimnisvoll verhalten, und sie hatte Angst, glaubte Johanna, bemerkt zu haben …

Nach ihrem Schwimmerfolg verließ sie den

Pool und zog sich in etwas betrübter Stimmung zurück in ihr Appartement, sie hatte Heinz ja versprochen, ihre Unterkunft nur zu verlassen, wenn es unbedingt notwendig war, und Schwimmen war ja wohl nicht notwendig. „Aber", sagte sie sich, „war das jetzt die Freiheit, von der ich geträumt hatte?" Johanna war in Johannesburg, der Stadt der Weißen, und doch war sie eingesperrt, bloß weil es einem notgeilen Hotelmanager gefiel, sie seinem Psychoterror auszusetzen.

Verdrossen wartete sie auf ihre Freundin Daisy. Als es endlich klopfte, öffnete sie die Tür. Daisy sah ganz anders aus, die Zimmermädchenuniform hatte sie abgelegt, das alte Kleidungsstück, das sie trug, hatte kaum noch einen Hauch von Fraulichkeit, sie sah aus wie eine alte Frau. Dabei war sie von Natur aus hübsch, doch jetzt würde sich kein Mann nach ihr umdrehen, und genau das wollte sie auch, glaubte Johanna bei ihrem Anblick zu wissen. „Wir kleiden uns alle so, wenn wir nicht im Dienst sind", sagte Daysi. „Aber wieso?", wollte Johanna wissen. „Unsere Kleidung im Dienst ist sehr kurz, und unser Manager steht auf nackte Beine, wir dürfen keine Strümpfe tragen, wenn wir im Dienst sind, und er sucht sich jeden Abend ein Mädchen aus, bis auf die Abende, an denen er in seinem Club ist und betrinkt sich. Da haben wir unsere Ruhe, es sei denn, der weiße Hausmeister hat zu Hause mit seiner Frau Streit, dann nimmt er sich eins von unseren Mädchen, davon bekommt der Manager in seinem Suff nichts mit, und wir brauchen dann nicht an den Pfahl."

„Moment mal", sagte Johanna, „was hat es eigentlich mit dem Pfahl auf sich, er existiert, aber niemand redet darüber. Was ist so geheimnisvoll an diesem Pfahl?" Daysi zog das Gewand runter bis unter das Knie. „Das hier …" Auf dem blanken Hintern waren deutlich die Striemen einer Peitsche zu sehen. „So, jetzt weißt du es! Unten im Keller gibt es eine Reservatenkammer, wo der Manager uns, wenn er Lust hat, festbindet und auspeitscht. Willst du noch mehr wissen? Die Kammer hat noch einiges zu bieten."

„Danke", sagte Johanna, „es reicht."

Nach einer längeren Pause fing Daisy wieder an zu reden. „Weißt du, es gibt da eine Idee. Dieses Hotel ist vor etwa 20 Jahren gebaut worden und letztes Jahr von einer deutschen Investmentgruppe übernommen worden. Warum und was dahintersteckt, wissen wir nicht, aber wir könnten doch immerhin versuchen, unsere Situation zu verbessern. Dein Freund Heinz ist doch Deutscher, und wie du gesagt hast, hat sein Vater gewissen Einfluss."

„Ja“, sagte Johanna, „hat er schon, aber er ist auch ein Rassist. Bleiben nur Heinz und ich.“ In diesem Moment war eine, auf den ersten Blick wahnwitzige Idee entstanden, aber wie so oft, war es eben eine solche …

Daisy und Johanna diskutierten die ganze Nacht, wie sich aus einer Idee etwas Brauchbares entwickeln könnte, vieles entsprang ihrem jugendlichen Leichtsinn. Aber was am nächsten Morgen noch übrig blieb, war immerhin ein Hoffnungsschimmer, ein Licht am Horizont der Freiheit, wie die beiden es nannten.

Der Enthusiasmus verabschiedete sich schnell, als Heinz am Abend zurückkam. Alles fing wieder von vorn an, bis völlig neue Aspekte hinzukamen. Es stellte sich nämlich heraus, dass die deutsche Firma, bei der Heinz beschäftigt war, Anteilseigner der Investmentgruppe, der das Mariston Hotel gehörte, war.

Heinz und Johanna waren zu jung, um die Zusammenhänge in der Wirtschaft zu verstehen, aber plötzlich glaubten sie an ihre verrückte Idee, in Südafrika etwas verändern zu können, Der Glaube versetzt bekanntlich Berge. Es war ein Traum.

Martin Luther King hatte auch einen Traum, und Nelson Mandela, der auf Robben Island im Hochsicherheitsgefängnis einsaß, glaubte -

nach Zeugen, die Kontakt mit ihm hatten - unbeirrt daran, dass die Würde und die Freiheit des Menschen nicht verhandelbar waren, nach einem halben Leben im Gefängnis …

Johanna und Heinz begannen voller Enthusiasmus an ihrem „Projekt“ zu arbeiten, ein Projekt, wo in dem rassistischen Südafrika in einem internationalen Hotel Menschen wohnten, wo die Hautfarbe und der Glaube keine Rolle mehr spielten. Das Mariston Hotel wäre dann das erste Hotel in Südafrika, das frei von jeglicher Form von Rassismus war, andere namhafte Hotels in ganz Südafrika würden folgen. Heinz wusste trotz seines jugendlichen Alters, dass, wenn ein Stein ins Rollen kam …

Heinz träumte seinen Weg, und Johanna wollte als Schwarze wohnen dürfen, wo sie wollte, und als Frau nicht mehr Freiwild sein von lüsternen Buren, die in jeder schwarzen Frau ein Sexobjekt sahen zum Gebrauch für jedermann, es gab ja genug davon! Heinz fasste einen Entschluss, er wollte mit seinem Vater reden, er wusste ja, dass sein Vater ein Befürworter der getrennten Entwicklung war, was aber nicht hieß, dass damit die Schwarzen in der jetzigen Art und Weise ausgenutzt und unterdrückt wurden.

Der Ursprung der Apartheid, der getrennten Entwicklung, hatte einen rationellen Sinn: Die

Millionen von Kindern, die noch keine Schule gesehen hatten, sollten erst mal auf ihrem Niveau anfangen zu lernen, bis sie irgendwann das Lernniveau der weißen Kinder erreicht hatten. Die Idee war vom Ansatz nicht schlecht, wurde aber so nie umgesetzt, die weißen Herren glaubten plötzlich, dass die arische Rasse die einzige Rasse war, die der Herrgott für das Südafrikanische Land auserkoren hatte.

Überhaupt hatte es den Anschein, als hätte sich nach dem Zweiten Weltkrieg der Nationalsozialismus in das südliche Afrika verlagert. Doch Heinz' Vater war keiner von denen, die glaubten, auserkoren zu sein, Heinz glaubte an seinen Vater, der schon für sein Vaterland in Russland gekämpft hatte. Er konnte sich erinnern, dass er ihm als Schuljunge viel über den Krieg erzählt hatte, aber erst heute glaubte er, die Zusammenhänge zu verstehen. Nur eins wusste er ganz genau, jeder Mensch auf dieser Welt hat das Recht, in Freiheit zu leben und seine Meinung zu äußern. Und dass man den Schwarzen das Land ihrer Väter geraubt hatte, bedurfte für Heinz keiner Diskussion mehr.

Außerdem hatte er erst kürzlich in den Tageszeitungen der Welt gelesen, dass die Gelehrten sich inzwischen einig waren, dass die

Wiege der Menschheit in den Höhlen von Sterkfontein gestanden hat. Sterkfontein lag östlich von Johannesburg und war ein Magnet für Touristen geworden. Heinz hatte aber auch gelesen, dass die Touristen nur einen Bruchteil der Höhlen zu sehen bekamen. Ebenfalls bestätigten Wissenschaftler, dass der kleinwüchsige Buschmann im südlichen Afrika der Vorfahre des Urmenschen gewesen sein soll.

Mit diesen Gedanken saß Heinz in seinem VW Käfer auf dem Weg zu seinem Vater. Bevor er das Mariston Hotel verließ, hätte er am liebsten seine Johanna eingeschlossen, doch dazu war er nicht imstande, seine Johanna liebte die Freiheit, sie träumte ja jede Nacht davon. Und zu ihrem eigenen Schutz eingeschlossen zu werden hätte sie ihm nie verziehen.

Vater Walter empfing seinen abtrünnigen Sohn mit offenen Armen, beide begegneten sich nicht mehr wie Vater und Kind, sondern inzwischen mit gegenseitigem Respekt. Die Unterschiede in ihrer Gesinnung berührten sie nur am Rande, sie waren nicht grundsätzlich anders, aber doch wussten beide, dass sie nicht die gleiche Melodie spielten. Vater Walter fragte schließlich, was seinen Sohn denn zu ihm geführt hatte.

Heinz rückte gleich mit seinem Anliegen

heraus. „Das Mariston Hotel gehört doch zu dem Konsortium, zu dem auch eure Firma gehört“, begann er. „Kann sein“, meinte der Vater, „warum?“ Heinz erzählte ihm die ganze Geschichte der letzten paar Tage, vor allem, wie man im Hotel seine Johanna behandelte, und überhaupt, dass die weiblichen Mitarbeiter manchmal wie Tiere gehalten wurden, dass es im Keller sogar einen Raum gab, wo die unwilligen Mädchen ausgepeitscht wurden. Er erwähnte mit Absicht, dass das Mariston Hotel in gewissen Kreisen einen recht zweifelhaften Ruf hatte.

Heinz' Vater hatte, ohne seinen Sohn einmal zu unterbrechen, aufmerksam zugehört. „So ist das“, meinte er nachdenklich, „ich werde herausfinden, ob und wer mit dem Hotel zu tun hat, das Mariston Hotel ist, soweit ich weiß, bei weitem nicht das einzige Hotel in dieser Investmentgruppe.“ Damit war Heinz verabschiedet, der Vater griff zum Telefon.

Als Heinz wieder in seinem Käfer saß, hatte er das Gefühl, dass der Stein, den er ins Rollen gebracht hatte, zwar noch ein ganz kleiner Stein war, aber es war ein Stein, und er hatte gerade angefangen zu rollen. Als sein altersschwacher VW eine lautstarke Fehlzündung von sich gab, meinte er leise: „Hast ja Recht, ab jetzt wird geschossen …“

Es war längst dunkel, als Heinz im Mariston Hotel ankam und niemanden in ihrem Appartement vorfand. Ein Zettel mit einem Hinweis klebte am Kühlschrank. Es war ein Hilferuf von Daisy, sie und Johanna befänden sich in ihrer Dienstunterkunft und warteten auf seinen Anruf auf ihrem Personaltelefon. Heinz rief voller Sorge die Nummer an und hatte prompt eine Kollegin am Apparat und dann Daisy. „Du bist da? Wir kommen jetzt runter." Als es klopfte, hatte Heinz die Türklinke schon in der Hand, er hatte eine Ahnung, was passiert sein könnte.

Und er hatte Recht. Als der Hotelmanager bemerkt hatte, dass Heinz das Hotel verlassen hatte, sah er seine Chance, sich Johanna auf seine Weise zu nähern. Er folgte ihr unbemerkt in den Waschsalon des Hotels, wo er versuchte, sie zu vergewaltigen. Doch Johanna handelte und schlug zu, wie sie es gelernt hatte, und trat noch dazu in seine Weichteile. Sie nutzte die Zeit seiner Bewusstlosigkeit, um zu flüchten, bis sie Daisy fand, die Nachtschicht hatte und diese verstecken konnte. Johanna platzierte den Zettel am Kühlschrank, und dann warteten die beiden, bis Heinz zurückkam.

Jetzt saßen sie zusammen in ihrem Appartement und berieten, was sie jetzt am besten tun könnten, eines wussten sie sofort, zur Polizei gehen wäre absolut falsch, denn die würde traditionell die alleinige Schuld bei Johanna suchen, die ganz einfach und grundlos den Mann angegriffen hatte. Johanna würde also zweifellos schuldig gesprochen, und der Hotelmanager hätte allen Grund mehr oder weniger, zum Ziel zu kommen. Schwarze waren eben immer schuld … Eine andere Lösung musste her.

Daisy musste zum Dienst, und Johanna und Heinz diskutierten die ganze Nacht, es schien fast aussichtslos, Johanna vor dem Hotelmanager zu schützen, er hatte einfach die besseren Karten. Wieder wurde auf drastische Weise deutlich, dass Schwarze in Südafrika keine Rechte hatten.

Erst am frühen Morgen hatte Heinz eine Idee, eine Idee, die zu schön war, um wahr zu sein. Es war in der Tat genial, Heinz war Bürger der Bundesrepublik Deutschlands ebenso wie sein Vater - und der wäre die erste Hürde. Die zweite wäre die Botschaft der BRD. Wenn Heinz den Konsul überreden könnte, eine Bürgerin der Republic of South Africa, sprich Johanna, als Botschaftsangestellte zu beschäftigen, dann stände diese unter dem Schutz der BRD. Und da die BRD der wichtigste Handelspartner von Südafrika war und dazu dem Regime negativ gegenüberstand, also ein erklärter Gegner der Apartheidpolitik war, rechnete Heinz allen Ernstes auf gute Erfolgsaussichten.

Von seinem Vater wusste er, dass Südafrika jeden Konflikt mit der BRD versuchte zu vermeiden, besonders im Hinblick auf die Handelsbeziehungen und auf die drohenden Embargos, die wie ein Damoklesschwert über Südafrika hingen. Von seinem Vater wusste er auch, dass das größte trocken gekühlte Kraftwerk mit 3600 Megawatt fast ausschließlich aus deutscher Hand kam und sich noch im Bau befand. Heinz glaubte, nicht zu optimistisch zu sein, wenn er sich auf Grund der Fakten gute Karten ausrechnete, aber er brauchte wieder seinen Vater …

Doch bevor Heinz seinen enthusiastischen Gedankengang fortsetzte, platzte Daisy in ihr Appartement und berichtete aufgeregt, dass der Hotelmanager aus Wut über das, was Johanna ihm angetan hatte, eine Kollegin ohne Umweg in die Reservatenkammer geschleppt und dort so behandelt hatte, dass sie an diesem Tag arbeitsunfähig sei.

Darauf schickte Heinz Johanna umgehend nach Soweto, wo sie bei ihrer Familie vorerst untertauchen konnte. Widerwillig verließ sie das Mariston Hotel, sie hatte den Duft von Freiheit sehr genossen, auch wenn es nur der

Hauch von Freiheit war...

Heinz ging seinen Plan mit Eifer an und nahm ein paar Tage frei, um seinen Vater erneut zu besuchen, danach wollte er die deutsche Botschaft aufsuchen. Heinz hatte das Gefühl, dass nichts mehr ihn stoppen könnte. Zu seiner großen Freude erklärte sich sein Vater bereit, ihn aufs Konsulat zu begleiten. Und als er ihm dann noch offenbarte, dass er den Assessor für wirtschaftliche Zusammenarbeit nicht nur gut kannte, sondern mit ihm auf höchster Ebene in Sachen Bergbau und Mineralien zusammenarbeitete, sprühte Heinz schon vor Zuversicht.

Obwohl sein Vater immer noch ein Befürworter der Rassentrennung war, so glaubte er doch, dass der ursprüngliche Sinn der Rassentrennung aus dem Ruder lief. Heinz hingegen glaubte, erste vorsichtige Zeichen eines Sinneswandels bei seinem Vater entdeckt zu haben, aber das war wohl Wunschdenken. Trotzdem war er seinem Vater sehr dankbar, dass er ihm half, seinen Weg in die Botschaft zu finden.

Die Botschaft der BRD in Johannesburg war im Begriff, nach Pretoria umzuziehen, aus Sicherheitsgründen, erklärte der Beamte, der nicht gerade seinen redseligen Tag hatte, am Eingang. Dementsprechend war das Chaos, überall Kisten und gepackte Möbel, Menschen rannten nervös und gereizt durcheinander. Vater und Sohn erfuhren, dass der Konsul und seine abgesandten Leute aus Deutschland bereits in Pretoria waren, doch man machte den beiden nicht viel Hoffnung, dass irgendjemand aus der „Führungsetage" Zeit für sie haben würde. Doch Heinz bestand darauf, trotzdem die Fahrt anzutreten.

So befanden sie sich schon bald auf der Autobahn nach Pretoria, Vater Walter kannte seinen Sohn, seinen Dickschädel hatte er schließlich von ihm geerbt, er hätte nicht eher locker gelassen, bis sie auf dem Weg zur Botschaft waren.

In Pretoria gab es ein Stadtviertel, welches nur Botschaften aus aller Herren Länder beherbergte, höchst feudal, jedenfalls die, die das Land aus Protest noch nicht verlassen hatten. In der neuen Botschaft herrschte das gleiche Chaos wie in Johannesburg. Nachdem die Ankömmlinge zigmal ihre deutschen Pässe vorgezeigt hatten, saßen sie schließlich dem Assessor gegenüber.

Vater Walter forderte seinen Sohn auf, das Wort zu übernehmen. Damit hatte er nicht gerechnet, ergriff aber artig das Wort und schaffte mit etlichen Steigerungen in seiner Wortwahl eine bravouröse Rede über die Zustände in Südafrika, die dem Assessor hinlänglich bekannt waren. Die „Kleinigkeiten" dazwischen und hauptsächlich die katastrophalen Zustände in der Personalführung des Mariston Hotel ließen den Mann jedoch aufhorchen. Er ließ Heinz jetzt weiterreden und hörte sich aufmerksam die „fantastische" Idee von Heinz an, nämlich wie er seine schwarze Freundin wirkungsvoll zu schützen gedachte und damit den Stein ins Rollen bringen wollte …

Der Assessor schwieg eine Weile, dann bat er Heinz, sein Büro zu verlassen und die Tür zu schließen. Die Zeit wurde Heinz viel zu lang, er wusste nicht, was sein Vater und der Assessor hinter der Tür besprachen, war das etwa ein gutes oder doch ein schlechtes Zeichen?

Nach einer geschlagenen halben Stunde kam sein Vater allein heraus. „Komm, wir fahren jetzt nach Hause", sagte er. „Was ist denn los?", fragte Heinz ungeduldig. „Das erzähle ich dir gleich, nicht hier im Botschaftsgebäude."

Wieder auf der Autobahn, ließ sein Vater endlich die Katze aus dem Sack. „Hör zu", sagte er geheimnisvoll, „übermorgen fährst du nach Pretoria und holst dir eine provisorische Aufenthaltsgenehmigung für die BRD, zudem einen Arbeitsvertrag als Mitarbeiterin der deutschen Botschaft, zuständig für kulturelle Angelegenheiten, ausgestellt auf Johanna Mkebi …“ Sprachlos fiel Heinz seinem Vater um den Hals, der darauf beinahe das Lenkrad verriss. „Mehr wirst du von mir nicht erfahren, vielleicht später, wenn du groß bist“, fügte der Vater lachend hinzu. ...

Im Mariston Hotel angekommen, wollte Heinz seine guten Neuigkeiten loswerden, doch Johanna war ja in Soweto bei ihrer Familie, er hatte sie zu ihrer Sicherheit dorthin geschickt. Sein Versuch, sie dort zu kontaktieren, schlug fehl. Sie würde ihn aber am nächsten Morgen zurückrufen. Dann zog er sich in sein Appartement zurück und dachte nach … Würde er, der kleine Heinz, etwas erreichen können gegen dieses Regime? Er hatte genau das erreicht, was er sich erträumt hatte, doch jetzt überfielen ihn die ersten Zweifel, er war durch die Botschaft in der Lage, seine Johanna zu schützen - und dann? Seine Stimmung schwankte hin und her.

Schließlich begab er sich ins Bett mit dem positiven Gedanken, dass ja alle bedeutenden Geschehnisse der Weltgeschichte nur eines kleinen Anstoßes bedurften, um Großes zu bewegen. Diesen Gedanken nahm er mit in den Schlaf.

Stunden später wurde er durch heftiges

Klopfen an die Tür geweckt, es waren Daisy und eine Kollegin, beide hatten frei und trugen keine Hoteluniform mehr, aber sie sahen aus, als hätte man sie durch den Fleischwolf gedreht. „Was ist passiert?“, fragte Heinz, als er schlaftrunken vor ihnen stand. „Es war der Hotelmanager, er hat seine Wut an uns ausgelassen, weil er Johanna nicht finden konnte“, erzählte Daisy aufgebracht. „Was hat er getan?“, wollte Heinz wissen. „Er hat uns in die Reservatenkammer getrieben und uns an den Pfahl gebunden, dann hat er …“ Stille. „Kann mir schon denken“, unterbrach Heinz. „Er war aber nicht allein, ein anderer Weißer war dabei, und er stand ihm in seiner Brutalität nichts nach. Doch dann kam das Schlimmste, der Manager sagte, dass er Johanna bei der Polizei angezeigt hat wegen Körperverletzung. Sie darf nicht wiederkommen. Sie suchen bestimmt schon in Soweto nach ihr ...“ Eilig verließen sie das Appartement.

Heinz war hilflos, was sollte er machen? Das Einzige, was er jetzt tun konnte, war, Johanna zu erreichen, um sie zu warnen. Auf Umwegen schaffte er es, die Nachricht der beiden Mädchen Johanna übermitteln zu lassen.

In dieser Nacht schlief er nicht mehr, er dachte an Daisy und ihre Kollegin, die beiden hatten Angst … Und Johanna, was musste sie jetzt denken? Vom Hörensagen wusste er, was man mit ihr machen würde, sie hatte einen Vertreter der weißen Rasse angegriffen. Niemand würde ihr glauben, was wirklich geschah! Heinz musste an ihre Mutter denken, und so, wie er Johanna kannte, hatte sie ihm nicht die ganze Wahrheit erzählt.

Am nächsten Morgen las Heinz zum Frühstück die Morgenzeitung, die Zeitungen waren natürlich regimetreu, trotzdem hatte man den Eindruck, dass man manchmal zwischen den Zeilen lesen konnte, oder man deutete die Nachrichten so, wie man es mochte.

Heinz stieß auf einen Artikel, in dem berichtet wurde, dass man eine organisierte Gruppe von schwarzen Widerständlern festgenommen hatte und der Gerichtsbarkeit des wohlgesonnenen Apartheidregimes übergeben hatte. Das Wort Widerständler hatte für Heinz eine besondere Bedeutung.

Er versuchte, die Zeit zu überbrücken, denn erst am nächsten Tag konnte er die rettenden Papiere in Pretoria abholen. Um sich abzulenken, ging er schwimmen, anschließend suchte er sich einen Liegestuhl, wo er sich niederließ, um die Badenden zu beobachten. Bald darauf tauchte auch der Manager auf, anscheinend machte er seinen stündlichen Rundgang, aber in Wirklichkeit suchte er nach einer zierlichen, wohlproportionierten, aber schlagkräftigen jungen schwarzen Dame, deren unsanfte Behandlung er noch deutlich verspürte. Doch Johanna war und blieb verschwunden.

Stattdessen warf er Heinz Blicke zu, die zu deuten keine Fragen offenließen. Mit Genugtuung beobachtete Heinz, dass der Manager beim Gehen nicht ganz schmerzfrei war, Johanna musste kompromisslos zugetreten haben. Heinz wusste, dass der Mann bezüglich des Vergewaltigungsversuches keinerlei Schuldgefühl empfand, es war ja nur eine Schwarze … Heinz hatte ein schlechtes Gewissen, seinetwegen und der untergetauchten Johanna wegen mussten Daisy und ihre Kollegin leiden, im Keller der Reservatenkammer …

Heinz dachte sich Gegenmaßnahmen aus, als er wieder in seinem Appartement war, zuvor hatte er eine handschriftliche Nachricht an seiner Tür gefunden: „Schwarze Nutten sind für alle da, auch deine."

Heinz hatte in seinem Alter schon begriffen, dass man niemals spontan handeln durfte, sondern - er glaubte seinem Vater, der ihm beigebracht hatte - über wichtige Entscheidungen immer erst eine Nacht zu schlafen. Sein Vater Walter Köhler war eigentlich ein besonnener Mann, aber wenn er glaubte, dass jemand seine Entschlossenheit verdiente zu spüren, dann handelte er ohne Wenn und Aber, und meistens bereuten es die Leute, sich mit ihm angelegt zu haben. Diese Gene entdeckte Heinz neuerdings mehr und mehr in seinem Blut.

Der Hotelmanager stand auf seiner Roten Liste, das dachte er, als er am nächsten Morgen auf dem Weg zur deutschen Botschaft war, um den versprochenen Arbeitsvertrag für Johanna abzuholen. Überraschend schnell bekam er Zutritt, und ebenso schnell hatte er eine recht umfangreiche Dokumentation in den Händen, die nur noch von Johanna unterschrieben werden musste. Dass das illegal war, gab man ihm diskret zu verstehen.

Auf der Fahrt zurück fiel ihm ein, was sein Vater neulich gesagt hatte: „Rache ist kein guter Ratgeber.“ Heinz dachte an den Hotelmanager, der sicherlich in seiner Wut über die verschwundene Johanna sich an anderen „Nutten“ vergriff. Dass eine schwarze Frau ihm auf so schmerzliche Weise versucht hatte beizubringen, was Würde und Freiheit bedeuten … Verstanden hatte er es nicht, wie auch, er war in einer Generation von Rassisten aufgewachsen und glaubte, dass seine arische Rasse die einzig wahre und in Südafrika befähigt war, die Geschicke dieses wunderschönen Landes in die Hand zu nehmen, damit waren die riesigen Gold- und Diamantenvorkommen gemeint. Dass die Drahtzieher und Nutznießer Europäer waren, wie Gold Fields und De Beers, war an der südafrikanischen Börse ein Begriff des Kapitals, der ewige Geldfluss, vorbei an den Menschen, denen das Land eigentlich gehörte.

Heinz dachte immer mehr an diese ungeheure Ausbeutung, die die Europäer dem afrikanischen Kontinent zumuteten, wobei der Mensch nur eine untergeordnete Rolle spielte. Aber in Südafrika handelte es sich um eine Ausnahme, hier bekamen die Ausbeutung und die rigorose Missachtung der Menschenrechte einen Namen, die Apartheid wurde zum Gesetz, der Mensch wurde zum Gegenstand - ohne Rechte im eigenen Land.

Heinz hatte inzwischen das Mariston Hotel erreicht und überlegte, was er jetzt als Erstes tun müsste. Natürlich die Polizei rufen und sie mit der Tatsache konfrontieren, dass Weiße im Begriff waren, sich mit ihrem einzigen wirklichen Handelspartner, Deutschland, anzulegen. Doch Heinz verwarf den Gedanken wieder, der Zeitpunkt und die Abfolge sollten gut überlegt werden. „Du hast jetzt ein Werkzeug in der Hand, mit dem du richtig umgehen musst“, hörte er seinen Vater sagen.

Heinz schaffte es wieder, Johanna eine

Nachricht zukommen zu lassen. Sie würde nach Johannesburg zurückkehren. Er selbst erwischte Daisy in der Kantine, doch die gab ihm zu verstehen, dass sie jetzt nicht mit ihm sprechen könnte, eigentlich wollte sie nicht mit ihm gesehen werden, glaubte Heinz verstanden zu haben. Sie hatte Recht, der in seiner Ehre verletzte Manager war allgegenwärtig und unberechenbar.

So zog sich Heinz auf sein Appartement zurück und überdachte wieder und wieder seine Strategie, bis er glaubte, die Lösung gefunden zu haben. Zufrieden mit sich und was er in den Händen hielt, schlief er ein, wissend, dass er jederzeit seine Strategie ändern konnte. Johanna würde hoffentlich am nächsten Tag Soweto verlassen und wieder einen Fuß in die Freiheit wagen …

Der Manager ahnte nicht, was sich da über ihm zusammenbraute, er hoffte, dass Johanna im Hotel auftauchen würde, er wusste ziemlich genau, was er mit ihr dann machte. Wenn die Polizei sie fände, dann würde es ihr auch nicht besser gehen. Noch nie hatte ihn eine schwarze Nutte derart gedemütigt, deshalb hoffte er jetzt, die Frau zu finden, bevor die Polizei es tat, die konnte sich um die Dame kümmern, wenn er mit ihr fertig war.

Es war noch dunkel in Johannesburg, als

Johanna ins Mariston Hotel schlich, am schlafenden Rezeptionist vorbei, bis sie schließlich an die Tür ihres Appartements klopfte. Heinz war längst wach und wusste, wer geklopft hatte. Er riss die Tür auf und nahm seine Johanna in die Arme. Heinz fiel ein Stein vom Herzen, seine Johanna war der Polizei und dem Manager entronnen. Als er ihr alles erzählt hatte, legte er Johanna die Dokumente der Botschaft vor, sie unterschrieb sofort.

Es war längst hell, als Heinz und Johanna an der Rezeption vorbei zum Auto gingen und anschließend die nächste Polizeistation aufsuchten. Dort rieb man sich die Augen, als Johanna ernsthaft erklärte, den Hotelmanager wegen Vergewaltigung anzeigen zu wollen. Der wachhabende Beamte betrachtete Johannas Anliegen als einen schlechten Scherz, eine schwarze Frau wollte einen weißen und noch dazu einen hochgestellten Mann anzeigen! „Ganz schön mutig“, dachte er.

Dann besah er sich das Schriftstück mit dem offiziellen Briefkopf der Bundesrepublik Deutschland und dem Namen Johanna Mkebi, offensichtlich eine Schwarze. „Das hier ist Frau Johanna Mkebi“, hörte er Heinz noch sagen, dann griff er zum Telefon, um seinen Vorgesetzten in Pretoria anzurufen, diese Angelegenheit wollte er auf dem schnellsten Weg loswerden, es roch nach Ärger … Doch sein Vorgesetzter handelte sofort und rief den Kommandeur der Landesregierung Transvaal an, und der hatte keine Lust, die dringend benötigten Handelsbeziehungen mit Deutschland aufs Spiel zu setzen. Es folgten unmissverständliche Anweisungen an das zuständige Polizeirevier in Johannesburg.

Schon zwei Stunden später fand eine Befragung des Managers im Beisein von Johanna, die darauf bestand, dass auch Daisy befragt wurde, statt. Die weigerte sich aus Angst, den Mund aufzumachen, doch als ein Beamter ihr glaubhaft versprochen hatte, dass ihr nichts passieren würde, war sie zu einer Aussage bereit.

Heinz erfuhr, was er schon geahnt hatte. Auch Johanna erzählte von dem Vergewaltigungsversuch und wie sie sich gewehrt hatte. Der weiblichen Beamtin zeigte Daisy schließlich die eindeutigen Körperverletzungen auf ihrem Hintern. Als die Befragung beendet war, wurde das Protokoll geschlossen. Der Manager stritt alle Vorwürfe kategorisch ab, wortlos nahmen ihn die Polizisten mit.

Heinz und Johanna hatten das Gefühl, dass dieser Akt nur der Anfang eines Kampfes war. Heinz war inzwischen realistisch genug zu wissen, dass sie die Rassisten nur angekratzt hatten, die Hardliner unter den Rassisten kannte er noch nicht, die hielten sich aus gutem Grund im Hintergrund.

Erstaunt hielt ein Mitarbeiter der Botschaft den Brief in den Händen, in dem man sich entschuldigte für den leidigen Vorfall, der der Mitarbeiterin Johanna Mkeki widerfahren war. „Es wird nicht wieder vorkommen“, las laut der Assessor, der eingeweiht war. Heinz versicherte sich, dass Daisy aufgrund ihrer Aussage keinerlei Repressalien zu erwarten hatte. Allerdings wusste er genau, dass ein diesbezügliches Schreiben des Regimes nichts wert war, anders dagegen war Johannas Situation.

Am Abend rief Heiz seinen Vater an und berichtete ihm von seinem Erfolg. „Du weißt, ich stehe eingeschränkt auf deiner Seite und werde es auch weiter tun, aber bitte sei dir darüber im Klaren, dass du dich ab jetzt auf Glatteis begibst.“

Im Mariston Hotel hatte sich Johannas Sieg über den beim weiblichen Personal verhassten Manager schnell herumgesprochen, auch hatte sich die allgemeine Stimmung unter den schwarzen Mitarbeitern insoweit gebessert, dass sie wenigstens mit etwas Respekt behandelt wurden. Auch der gefürchtete Pfahl in der Reservatenkammer hatte seinen Schrecken verloren.

Die tägliche Routine im Mariston Hotel nahm ihren Lauf, ein neuer Manager tauchte plötzlich aus dem Hotelimperium auf, und er schien klare Anweisungen zu haben, wie die schwarzen Mitarbeiter zu behandeln seien. Alles in allem war die Stimmung entspannt, Heinz ging seiner Arbeit nach, und Johanna erkundete ihre Freiheit in dem lebhaften weißen Johannesburg, nur wohnen durfte sie dort nicht und abends um zehn Uhr musste sie verschwunden sein. Dass sie dann im Mariston Hotel sozusagen Zuflucht fand, hatte sie nur Heinz zu verdanken.

Nach all den Turbulenzen wurde den beiden wieder bewusst, dass sie sich ja etwas vorgenommen hatten. Fast wöchentlich standen in den Tageszeitungen Berichte über Widerstandsbewegungen, wo Schwarze und Weiße im Untergrund, mehr oder weniger organisiert, gegen Rassismus kämpften, aber jedes Mal erfolgreich geschlagen werden konnten.

Die Aktion von Johanna und Heinz hatte fast unbemerkt Auswirkungen auf das Hotelgewerbe gehabt, was aber wohl eher unbemerkt und nicht nennenswert zu bezeichnen war. Bis Heinz unerwarteten Besuch bekam, und zwar in der Tiefgarage seiner Firma. Drei verwegen aussehende Männer hielten ihn fest und traten ihm in die Weichteile, zwei hielten ihn fest, während der dritte ihn mit dem Wort zum Sonntag bedachte. „Du kannst deine Nutte durch die Botschaft schützen, aber du stehst jetzt unter unserem ‚Schutz'. Es dürfte dir als guter Südafrikaner bekannt sein, dass Liebes- und sonstige Verhältnisse mit Schwarzen verboten sind. Nimm dich in Acht! Und das hier sind Liebesgrüße vom Hotelmanager …" Prompt kassierte Heinz mehrere Tritte zwischen seine Beine. „Das ist für die liebevolle Behandlung, die deine Nutte dem Hotelmanager hat zukommen lassen." Die Männer verschwanden schweigend in der Dunkelheit.

Heinz rappelte sich mühsam auf und sah sich um, aber niemand hatte den Vorfall bemerkt. Vor Schmerzen gekrümmt, erreichte er das Hotel, wo er Johanna, die sofort begriff, was passiert sein musste, in ihrem Appartement antraf. Liebevoll behandelte sie die geschundenen Körperteile, was Heinz begann zu genießen. Sie waren sich einig, dass Heinz' Bekanntschaft mit dem harten Kern der Rassisten zu tun hatte.

Bis spät in die Nacht diskutierten sie ihre Lage und beschlossen schließlich, den Kontakt zu der Widerstandsgruppe, die offensichtlich versuchte, das Regime zu bekämpfen, zu suchen. Inwieweit sie Erfolg haben würden, konnte Heinz nicht beurteilen, denn die Berichterstattung war ja einseitig und im Sinne der Regierung.

Es wäre nützlich zu wissen, welche Aktivitäten diese Gruppe verfolgte und wie erfolgreich sie war. Heinz konnte sich nicht vorstellen, dass, was immer sie taten, nicht auf sehr offene Ohren bei der schwarzen Bevölkerung traf. Heinz wusste, dass das Regime Meister in der Unterdrückung der schwarzen Bevölkerung und der Verbreitung von gezielten Falschmeldungen war, ähnlich wie schon bei den Nationalsozialisten im Dritten Reich, überhaupt schien sich für ihn so allerhand zu wiederholen …

Heinz vermutete, dass die Investorengruppe, zu der auch das Mariston Hotel gehörte, aus Europäern, die keine Rassisten waren, sondern nur an dem Erfolg ihrer Investition interessiert waren, bestand,. Und wieder war es sein Vater, der ihm hier weiterhelfen könnte, seine Firma war auch im Besitz dieser Investoren. Der Schmerz zwischen seinen Beinen erinnerte Heinz an die Bekanntschaft der Schlägertruppe dieser Rassenwahnsinnigen …

Heinz' Vater hatte wie immer ein offenes Ohr für seinen Sohn, er hörte sich geduldig an, was er ihm erzählte, der Vorfall in der Tiefgarage ließ ihn aufhorchen. „Leg dich nicht mit diesen Leuten an“, warnte er, „das sind waschechte Nazis und schrecken vor nichts zurück. Sie stehen gesichtslos hinter dem Regime, das sich bemüht, vor der Weltöffentlichkeit sein Gesicht zu bewahren. Aber nach den neuesten Erkenntnissen verlieren diese Leute massiv an Glaubwürdigkeit."

„Woher weißt du das?", wollte Heinz wissen. „Weißt du", sagte sein Vater, „die Investmentgruppe, der auch wir angehören, hat heute ein codiertes Fax geschickt, demnach macht man sich in Europa große Sorgen um die Zukunft von Südafrika, ein Bürgerkrieg wäre für die Gruppe katastrophal. Man beobachtet die Entwicklung sehr kritisch. Es soll geheime Gespräche mit Nelson Mandela auf Robben Island geben, Regimegegner sollen sich formiert haben und sagen das Ende der Apartheid voraus. Das Regime dagegen rüstet auf und mobilisiert die Bure-Weerstandsbeweging mit dem Anführer Eugène Terre'Blanche, der in dem Ruf steht, seine Schwarzen auf seiner Farm wie Sklaven zu behandeln. Man sagt, dass er sie fesselt und sie auf der Farm mit seinem Pferd über das Farmgelände schleift. Ein anderer unabhängiger Report wusste zu berichten, dass er auf einer öffentlichen Parade betrunken vom Pferd gefallen ist …"

Vater Walter war im Erzählmodus, stellte

Heinz fest, er hoffte, dass er fortfahren würde, denn dass er so viel redete, kam nicht so oft vor. Und tatsächlich nahm er sich jetzt seine Johanna vor. „Deine Freundin ist klug“, sagte er unvermittelt, „sie ist außerordentlich hübsch und zieht die Blicke der Männer aller Rassen auf sich. Und sie ist schwarz …“ Er unterbrach sich. „Wie du sicher schon bemerkt hast, bin ich dabei, meine Meinung allmählich zu ändern, die Entwicklung hier im Land zwingt mich dazu. Und du, mein Sohn, bist anscheinend im Begriff, eine Frau, der die Zukunft dieses wunderschönen Landes gehört, zu ehelichen, sollte es jemals erlaubt sein. Und wenn alle Stricke reißen, heiratest du eben in Deutschland.“

Heinz traute seinen Ohren nicht, es war sein Vater, der diese Worte gesagt hatte. Fast hätte Heinz vergessen, warum er ihn angerufen hatte. Sein eigentliches Anliegen kam jetzt ins Gespräch, es musste in dieser Investorengruppe jemanden, der ein großes Interesse daran hatte, seine Investoren auf solidem und wirtschaftlich gesundem Boden zu wissen, geben. Vater Walter hatte verstanden. „Es wird dich morgen jemand anrufen, jemand, der dir sehr helfen kann.“ Unvermittelt legte er auf.

Heinz musste noch lange über die Worte seines Vaters nachdenken, etwas musste ihn veranlasst haben, seine Meinung so maßgebend zu ändern. Es hatte sicherlich etwas mit dem codierten Fax zu tun.

Er war sich sicher, dass man in Europa besser informiert war, als man hier glaubte, und Heinz war sich auch sicher, dass der deutsche Geheimdienst in Südafrika nicht untätig war. Die größte schwarze Bevölkerungsgruppe, die Zulus, war dem Regime zugetan und erhoffte sich dadurch wohl Vorteile, genau wusste das niemand, auch ahnte niemand, dass deshalb kein Aufstand oder gar ein Bürgerkrieg zustande kam. Die rassistische Regierung wusste die unterschiedlichen Interessen für sich zu nutzen, und die Bevölkerung nahm kaum Notiz davon, im alltäglichen und immer wiederkehrenden Alltag war alles, wie es immer schon war. Aber es brodelte an der Basis, davon war Heinz jetzt nach seinem Gespräch mit seinem Vater überzeugt, er hatte sogar davon gesprochen, Johanna, die Frau, der eine glücklichere Zukunft Südafrikas zustand, in Deutschland zu heiraten.

Je mehr Heinz über das Gespräch nachdachte, umso mehr glaubte er, am andern Tag, von wem auch immer, eine Überraschung zu hören. Doch jetzt hatte er das Bedürfnis, sich um seine hübsche Frau, die erwartungsvoll auf ihn wartete, zu kümmern. Die Frau, die stellvertretend für ein Land stand, das sich Hoffnung auf ein freiheitliches Südafrika machte, das Land ihrer Väter …

Und tatsächlich erhielt Heinz am nächsten Morgen in seinem Büro einen Anruf, den er zunächst nicht einordnen konnte, doch dann begriff er, dass sein Gesprächsteilnehmer nicht reden konnte. Schließlich, nach einigem Hin und Her, verabredeten sie sich am Pool im Mariston Hotel. So suchte Heinz am Spätnachmittag einen Platz am Schwimmbecken, wo ihn jeder sehen konnte.

Es erschien ein unscheinbarer Mann, unsicher um sich suchend, und Heinz wusste instinktiv, dass das seine Verabredung war. Er ging auf den Mann zu, man stellte sich vor und nahm vorzugsweise Platz in der hintersten Ecke des Geländes.

Der Mann stellte sich als Kobus van Rooyen vor und verwickelte Heinz in ein anscheinend harmloses Gespräch. In Wirklichkeit prüfte er die Gesinnung von seinem Gegenüber, dann eröffnete er seine eigentliche Debatte. Er sei Mitglied des African National Congress und gehöre zum ehemaligen Kader von Freiheitskämpfern im Umfeld von Nelson Mandela, bis die gesamte Gruppe auf einer geheimen Farm im Ortsteil Rivonia bei Johannesburg verhaftet worden war. Er selbst war durch einen Zufall entkommen und konnte untertauchen, bis man Jahre später das Interesse an ihm verlor. Auch habe er sein Aussehen verändert und mithilfe von Freunden aus dem Ausland eine neue Identität annehmen können.

Heinz staunte, dass dieser Kobus genau über ihn und Johanna und was bisher vorgefallen war Bescheid wusste. „Ihr seid ein schwarz-weißes Paar, jung und entschlossen, für die Freiheit, die dieses Land so dringend braucht, zu kämpfen. Es gibt Widerständler im Untergrund aus der schwarzen Bevölkerung, aber auch aus der weißen Bevölkerung, wo sowieso die meisten nur Mitläufer sind. Der harte Kern, diejenigen, die glauben, die sogenannte arische Rasse erhalten zu müssen, sind unsere eigentlichen Feinde. Und die kennen wir sehr gut, nicht so gut kennen wir die Schwarzen vom Stamme der Zulus, die manchmal mit den Rassisten liebäugeln, um sich dadurch Vorteile des Regimes zu erkaufen. Das Regime weiß das vortrefflich zu nutzen, denn dort weiß man sehr genau, wenn bei den Zulus die Gesinnung kippt, wird es gefährlich. Und da wäre Johanna hilfreich, sie ist eine Zulu. Seid ihr bereit, an unserem nächsten Treffen teilzunehmen?“ Heinz überlegte nicht lange, das Einverständnis von Johanna vorausgesetzt, und sagte zu. „Den Ort werde ich dir kurz vorher bekanntgeben. Aus Sicherheitsgründen."

Der Besucher erhob sich von seinem Platz, grüßte mit dem Gruß der Freiheitskämpfer, mit der geschlossenen Faust, und verschwand. Heinz saß noch eine Weile allein an seinem Tisch und dachte über das eben Gehörte nach.

Als er an der Rezeption vorbeikam, wo verschiedene Zeitungen auslagen, entdeckte er eine Schlagzeile in einer, vermeintlich liberalen, Zeitung: „Misstrauensvotum – PW Botha verlässt das Parlament." Pieter Willem Botha, dachte Heinz, war ein bekennender Hardliner, ein Rassist ... Seine Gedanken überschlugen sich, als er am Fahrstuhl wartete, entscheidend wäre jetzt die Gesinnung des Nachfolgers, wer würde in Zukunft die Geschicke der Südafrikaner lenken?

In ihrem Appartement angekommen, fand er seine Johanna im Bett, ein Arzt war beschäftigt, ihre Wunden zu verbinden. Heinz hörte wortlos zu, was Johanna zögernd berichtete, drei vermummte Männer hatten sie in der Nähe des Hotels überfallen und zusammengeschlagen, eine Hotelangestellte hatte sie dann auf das Zimmer gebracht und den Doktor angerufen. „Einen der Kerle habe ich ins Land der Träume geschickt", beeilte sie sich noch zu sagen, dann verbot ihr der Arzt das Reden. Zum Abschied bekam sie noch eine Spritze von dem weißen Doktor, der sich nicht verkneifen konnte zu sagen: „Euren Mut möchte ich haben.“ Heinz schaute zu, wie Johanna in seinen Armen einschlief.

Am nächsten Morgen ging es Johanna schon besser, sie war jedenfalls gesprächig. Die Vermummten hatten sie als schwarze Nutte betitelt und behauptet, dass Südafrika niemals von Schwarzen regiert werden würde. Heinz fragte sich, wer denn Südafrika, bevor die Weißen über das Land herfielen, regiert hatte. Johanna fuhr fort, erzählte stolz, dass einer der Schläger von seinen Kumpels fortgetragen werden musste, sie hatte ihn richtig getroffen, aber gegen die Übermacht war sie machtlos, gab sie kleinlaut zu.

Heinz berichtete Johanna von seinem Besucher, als sie den Namen Kobus van Rooyen hörte, wurde sie richtig wach. „Der Mann ist weiß, aber er will uns helfen, und wir Zulus sind nicht gerade hilfsbereit“, fiel sie ihrem Geliebten ins Wort. Sie kannte Kobus aus Erzählungen in Soweto, wo er als der Hoffnungsträger gehandelt wurde. Heinz gab nun das gesamte Gespräch wieder, und Johanna hörte mit großem Interesse zu. Am Schluss fiel sie ihm um den Hals und wurde sofort schmerzlich daran erinnert, dass sie erst am Vortag zusammengeschlagen worden war. „Du hast richtig entschieden“, murmelte sie, „jetzt werden wir Kobus tatkräftig unterstützen, wir werden uns organisieren …“ Dann schlief sie wieder ein.

Für Heinz war jetzt klar, dass Johanna die Bekanntschaft der gleichen Schläger aus der rechten Szene, die auch ihn im Parkhaus so schmerzhaft ihre Gesinnung beigebracht hatten, gemacht hatte.

Nach einer Woche ging Johanna schon wieder mit Heinz schwimmen, die Spuren des Überfalls waren nahezu verschwunden, und ihr Bikini war wieder dort, wo er hingehörte. Jedenfalls zog sie die Blicke der Männer aller Hautfarben auf sich. Und diese machten keinen Hehl daraus, dass ihnen die Hautfarbe der Johanna ziemlich egal war, sie war einfach nur schön und begehrenswert, aber sie belästigten sie nicht. Auch Heinz verheimlichte nicht seine Beziehung zu Johanna und wurde deswegen nicht angefeindet.

Anders an den Küsten in Südafrika, dort durften die Schwarzen schwimmen, aber nur an bestimmten Stellen, wo man es ihnen durch entsprechende Beschilderung ausdrücklich erlaubte. Ansonsten gab es keine Schwimmbäder für schwarze Menschen.

In den Wohngebieten, die den Weißen vorbehalten waren, gab es nirgends auf der Welt so viele Swimmingpools wie im weißen Südafrika. So war es höchst ungewöhnlich, dass eine Schwarze wie Johanna schwimmen konnte, sie hatte es von Heinz, der sie mitgenommen hatte in das internationale Mariston Hotel, gelernt. Doch war Johanna dort nur stillschweigend geduldet.

Es kam immer öfter vor, dass Heinz von Arbeitskollegen in der Firma angefeindet wurde, weil einige glaubten, ihn in der Stadt mit einer schwarzen Frau gesehen zu haben. Einige meinten sogar, dass es besser wäre, eine Schwarze im Haus zu verstecken, es müsste doch nicht jeder sehen …

Andere gaben sogar zu, eine schwarze Freundin zu haben, die allerdings niemand zu Gesicht bekommen durfte. Diese falsche Moral störte Heinz erheblich, er stand auf dem Standpunkt, dass man zu seiner Liebe stehen durfte, verstecken war für ihn keine Option. Aus Trotz nahm er fortan Johanna an die Hand und ließ sich ganz selbstverständlich in Johannesburg mit ihr sehen, wo man auch gesehen wurde. Man hielt ihn für einen Amerikaner, der seine Ehefrau spazieren führte. Nur denjenigen, die ihm nicht recht gesonnen waren, stieß es sauer auf, dass Heinz die Frechheit besaß, mit einer Schwarzen in die Öffentlichkeit zu gehen. Oder war es nur Neid?

Heinz jedoch trieb es auf die Spitze. Als in der Firma ein Jubiläum anstand, wurde die gesamte Belegschaft mit Partner eingeladen, Heinz erschien auch - mit Partnerin Johanna! Und Johanna spielte gekonnt mit, wie selbstverständlich hing sie in seinem Arm, küsste ihn sogar. Die Kollegen fielen aus allen Wolken, aber im Laufe des Abends gewöhnte man sich ganz langsam an den ungewöhnlichen Anblick. Heinz war gespannt auf den nächsten Morgen, er rechnete mit einem Rausschmiss!

Als die beiden in der Nacht ins Bett gingen, wunderten sie sich plötzlich, was sie getan hatten, es wurde still in ihrem Appartement, bis Johanna sagte: „Klein ist das Eichhörnchen, aber es ist kein Sklave des Elefanten. Das hat meine Mutter gesagt, als sie sah, dass die Weißen die Macht übernahmen, obwohl ihnen das Land nicht gehört und dazu auch noch eine kleine Minderheit darstellten", sagte Johanna. „Da hat sie wohl Recht gehabt", bemerkte Heinz nachdenklich. Dann schliefen sie eng umschlungen ein, an den nächsten Morgen dachte niemand mehr.

Doch der nächste Morgen kam, und Heinz fuhr mit gemischten Gefühlen ins Büro, doch seine Befürchtung bewahrheitete sich nicht, im Gegenteil, ein ihm nahe stehender Kollege begrüßte ihn mit Handschlag. „Ich gratuliere dir“, sagte er, „du hast gemacht, was manch einer schon so gerne gemacht hätte. Die vögeln heimlich hinter geschlossenen Türen ihre schwarze Freundin und tönen draußen, dass sie alle, die sich an Schwarzen vergreifen, verachten. Bei nächster Gelegenheit bringe ich meine heimliche Liebe mit. Verlogene Welt!“

Ähnliche Reaktionen seitens seiner Kollegen erlebte Heinz den ganzen Tag und wusste am Ende nicht, wie ihm geschah, er wusste nur, dass sich mit seiner Entscheidung ein wenig das wahre Gesicht in Südafrika gezeigt hatte. Gut gelaunt und voller Zuversicht fuhr er am Nachmittag zum Hotel.

Johanna machte keinen erstaunten Eindruck, als Heinz ihr erzählte, was er im Büro erlebt hatte. „Weißt du“, sagte sie, „in Soweto ist es ein Gesprächsthema, dass so manche unserer Schwestern ein heimliches Liebesverhältnis mit einem Weißen hat, nur wird es streng geheim gehalten von den Weißen - und neuerdings auch von unseren eigenen Leuten.“ Das konnte oder wollte Heinz nicht verstehen. „Ganz einfach“, erklärte Johanna, „es gibt ja hier und da schlecht organisierte Widerstandsgruppen, und dort ist man der Meinung, dass Frauen, die sich mit einem verhassten Weißen eingelassen haben, eine Tracht Prügel verdient hätten. So werden Liebesbeziehungen auch bei uns streng geheim gehalten. Aus Angst“, fügte sie hinzu.

„Verrückte Welt“, dachte Heinz. „Bei uns ist es per Gesetz verboten, und bei den Schwarzen selbst geht die Angst um, bestraft oder gar getötet zu werden. Dabei hat Gott doch nicht verboten, dass sich verschiedene Rassen lieben dürfen. Immerhin hat er ja beide Rassen geschaffen, und das bestimmt nicht, damit sie sich nicht lieben und achten durften. Das Wort Rassentrennung hat Gott bestimmt nicht erfunden …“

„Hallo!“, holte ihn Johanna aus seinen Gedankengängen zurück. „Du hast wahrscheinlich zum ersten Mal heute erlebt, dass es auch ein anderes Südafrika gibt, ein ehrliches. Und bedenke: Aus einem Strohhalm wird einmal ein Vogelnest … Und jetzt zieh dich aus“, sagte sie verheißungsvoll, „Rassentrennung ist das eine, und das andere … Kommt jetzt!“

Erst jetzt bemerkte Heinz, dass Johanna unter seinem Bademantel nichts anhatte. „Die Apartheid läuft uns schließlich nicht weg - noch nicht.“ Johanna hatte die seltsame Gabe, die Probleme dieser Welt auf einen Schlag zu vergessen, das funktionierte wie Licht ein- und ausschalten.

Am nächsten Morgen erhielt Heinz an der Rezeption einen Umschlag ohne Absender, aber er ahnte, wer der geheimnisvolle Absender war. Kobus ließ ihn quasi durch die Blume wissen, dass ein Treffen am Sonntag geplant war. Seltsamerweise sollte er den Ort des Treffens erst am Sonntagmorgen erfahren. Heinz ging davon aus, dass es sich um eine Vorsichtsmaßnahme handelte. Jedenfalls wurde auch Johanna erwartet, und beide waren gespannt, wo man sich treffen würde, und noch wichtiger war, mit wem.

Am Samstag, noch gab es kein Lebenszeichen von Kobus, lagen Heinz und Johanna ungestört am Pool des Hotels, als Johanna plötzlich fragte, ob es in Deutschland das Wort Rassismus gäbe. Überrascht antwortete Heinz, dass das Wort bei bestimmten rechtsextremistischen Minderheiten existierte, aber sonst gäbe es nach dem Grundgesetz keine Schwarzen, Gelbe oder sonstige Hautfarben. Auch könnte jeder nach seiner Fasson und seinem Glauben frei leben. „Warum fragst du das auf einmal?“, fragte Heinz, immer noch erstaunt. „In meiner früheren Anstellung habe ich ebenfalls für eine deutsche Familie als Maid gearbeitet, und dort gab es ein Buch in englischer Sprache über das Grundgesetz in Deutschland, wo es hieß, dass die Würde des Menschen unantastbar sei. Es hat mich fasziniert, weil es als oberstes Gesetz in Deutschland immer wieder genannt wurde. Ich habe heimlich immer wieder in dem Buch gelesen.

Du musst wissen", fuhr sie fort, „wir gehen zwar in unsere Schulen für Schwarze, aber dort lernen wir nur, was wir lernen dürfen und sollen, jegliche Lektüre aus dem Ausland ist strengstens verboten, was natürlich dem Schwarzmarkt förderlich ist. Auch gibt es hier keinerlei erotische Literatur, weil Sex schmutzig ist, behauptet das Regime." In Wahrheit legte man großen Wert darauf, dass die weiße Bevölkerung sich schnell vermehrt, nach dem Motto „Gott will es so".

Heinz, der sich immer noch wunderte über Johannas Interesse an den deutschen Gesetzen, speziell an dem Grundgesetz, was ja unmittelbar nach dem Zweiten Weltkrieg verfasst wurde und die unmenschliche Diktatur des Adolf Hitler und seiner Nazis beendete.

Die Erleuchtung kam Heinz, als Johanna nicht aufhörte, Fragen zu stellen, die alle in eine bestimmte Richtung gingen … Sie bereitete sich auf das Treffen am Sonntag mit Kobus und seinen Widerstandskämpfern vor, sie entwickelte einen Plan, wie das zukünftige Südafrika nach ihrer Meinung einmal aussehen sollte. Und dabei würde das deutsche Grundgesetz die Hauptrolle spielen. Johanna blieb bei ihrem Thema, ließ nicht locker, und Heinz hatte bald den Eindruck, dass seine schwarze Freundin das Gesetz auswendig kannte …

In Südafrika nimmt die Sonne einen sehr steilen Verlauf am Zenit, sie geht also auch schneller unter als in Europa und steht mittags nicht im Süden, sondern im Norden. So ging auch am Pool die Sonne in rasantem Tempo unter, und Johanna betätigte den Schalter der Moral auf nicht so ernst zu nehmende Weise, die von jetzt auf gleich die deutschen Gesetze vergessen ließ.

Als am Sonntagmorgen während des Frühstücks ein Geräusch an der Tür ihre Aufmerksamkeit erregte, stand Heinz schnell auf, um nachzusehen, fand aber nur einen Umschlag am Boden. Der Bote musste ziemlich schnell verschwunden sein. Dann erblickte er einen zweiten Umschlag, der an der Tür klebte. Er öffnete das Kuvert und zog einen Zettel heraus. „Du Nutte entkommst mir nicht, ein neuer Pfahl wartet auf dich!“ Heinz beschloss, den Brief erst am Abend Johanna zu geben. Vielleicht sollte er nicht. Der andere war der erwartete Brief von Kobus, mit nur einer Zeile: „Sonntag, zwölf Uhr, Cosmo, Niekerks farm.“

Heinz wusste, wo die Farm war, er wusste auch, dass die meisten Gebäude in der Gegend zu den schwarzen Townships gehörten und überwiegend dem Verfall ausgesetzt waren.

Ein geeigneter Ort für eine nichtöffentliche Versammlung.

Johanna kleidete sich bürgerlich, sie sah aus wie eine Maid in einem Haushalt, ihre schönen Beine steckten in einem sackähnlichen Stück Stoff. Heinz nahm auf Anraten von Johanna seinen alten VW Käfer, um zu der genannten Farm zu fahren. Johanna machte einen angespannten Eindruck und war nicht gerade eine gesprächige Beifahrerin.

Die Fahrt dauerte verhältnismäßig lange, denn die Wohngebiete, die den Schwarzen zugewiesen worden waren, lagen allesamt außerhalb von Johannesburg und waren, gelinde gesagt, ärmlich und hoffnungslos überfüllt, die Infrastruktur verdiente den Namen nicht.

Cosmo lag in einem ehemaligen Farmgebiet, nach einigem Suchen fanden sie sogar die Niekerk farm. Es gab keine Hausnummern oder ähnliches. Heinz bemerkte eine größere Anzahl Autos, die rundum um die alte Farm parkten. Mit der schweigenden Johanna begab Heinz sich in das fast schon verfallene Gebäude.

Kobus selbst begrüßte die beiden herzlich und bat diese, auf den alten Stühlen Platz zu nehmen, dann stellte er die Neuankömmlinge vor und machte sie mit der recht illustren Gesellschaft bekannt. Es waren überwiegend

Schwarze und einige Farbige, die Coloureds genannt wurden. Unter den wenigen Weißen erkannte er zu seiner Überraschung einen alten Bekannten, es war der Bruder von Denis Goldberg, der ihm gerade zuwinkte. „Du kennst unseren Mitstreiter?", fragte Kobus. „Ja, aus der Bar des Mariston Hotel", erwiderte Heinz. „Er ist das wichtigste Bindeglied zu seinem Bruder und damit zu Nelson Mandela", erklärte Kobus.

Johanna zog es immer noch vor zu schweigen, während die Gedanken von Heinz abschweiften. Wie schon so oft, aber diesmal umso intensiver, wurde ihm bewusst, dass er das Privileg genoss, ein Weißer zu sein, er durfte in dem vornehmen Viertel der Weißen wohnen, er durfte im eigenen Swimmingpool schwimmen und konnte sich kaufen, was sein Herz begehrte, er konnte sich frei bewegen und brauchte nicht zur Sperrstunde von der Straße verschwinden. Und im Mariston Hotel wohnte er mit Johanna, einer reizenden schwarzen jungen Frau …

Johanna stieß ihn sanft an. „Du träumst", sagte sie vorwurfsvoll. Heinz hörte gerade noch, wie Kobus sagte, dass PW Botha durch ein Misstrauensvotum aus dem Parlament entfernt worden war. „Wie ihr alle wisst", fuhr er fort, „war der Mann ein Hardliner der Rassenpolitik, und wir wissen nicht, was dem Misstrauensvotum vorausgegangen war. Tatsache ist aber, dass ein neuer Präsident gewählt werden muss. Und glaubt man den Gerüchten, soll der aussichtsreichste Kandidat Frederic Willem de Klerk sein, und der scheint die Zeichen der Zeit erkannt zu haben. Er glaubt, dass die Welt nicht mehr länger zusehen wird, wie hier in Südafrika die Menschenrechte mit Füßen getreten werden. Große europäische Konzerne wie Volvo sind dabei, das Land zu verlassen, und wie ich heute Morgen erfahren habe, geht Barclays Bank zurück nach England.

Meine Damen und meine Herren Comrades, alles, was wir heute hören, beruht mehr oder weniger auf Gerüchten, die, so hoffen wir, alle zutreffend sind. Anschließend an meine Ausführungen hat Comrade Goldberg brisante Neuigkeiten für uns, und danach wird Johanna zu uns sprechen, sie hat den Wunsch geäußert. Die junge Frau ist eine Zulu.

Heinz vernahm ein allgemeines Raunen. Er glaubte jetzt wirklich, dass Johanna eine Rede vorbereitet hatte, anders ließ sich ihr Verhalten nicht erklären. So gut kannte er Johanna inzwischen, dass sie etwas Besonderes und Wichtiges zu sagen hatte, und dabei würde sicher der Konflikt mit den Zulus eine Rolle spielen.

Doch zunächst meldete sich der Bruder von Denis Goldberg zu Wort. Besonderen Wert schien er darauf zu legen, Johanna und Heinz zu begrüßen. Es sei besonders wichtig, betonte er, ein schwarz-weißes Liebespaar in ihrer „Interessengemeinschaft" zu haben, und eine wichtige Nachricht an alle, die in Südafrika die Tür hinter sich schließen und die Maid vernaschen und dann lauthals behaupten, ein aktiver Rassist zu sein. Ein Schmunzeln konnte er sich nicht verkneifen …

Doch schnell wurde der Bruder von Denis Goldberg wieder ernst. „Was ich zu berichten habe, ist sehr vertraulich, und wenn es unserer Sache nicht dienen würde, könnte ich es mit gutem Gewissen nicht erzählen. Wie ihr wisst, braucht Südafrika einen neuen Präsidenten, und wie mir mein Bruder gestern berichtete, wird es tatsächlich FW de Klerk sein. Es ist beschlossen, dass er von der Mehrheit der ANC-Mitglieder gewählt werden wird.

Mein Bruder hat mit Nelson Mandela sprechen dürfen und dabei etwas erfahren, was ich so recht nicht glauben wollte: FW de Klerk sei heimlich in Kontakt mit Nelson Mandela. Näheres konnte ich nicht erfahren. Aber etwas soll ich unbedingt weitergeben, es ist ein großes Anliegen von Nelson Mandela: Dass der Widerstand gegen das Regime auf jeden Fall stattfinden muss! Aber nur unter einer Bedingung, es darf nur Sachschäden geben, Menschenleben sind unbedingt zu vermeiden! Das ist neu“, sagte Goldberg, „und muss unbedingt befolgt werden, Nelson Mandela ist davon überzeugt, dass ein Bürgerkrieg vermeidbar ist. Er glaubt auch nach 27 Jahren Haft, dass Völker aller Rassen friedlich miteinander leben können, sie brauchen einander, sie wissen es und brauchen es nicht zu lernen.

Ich glaube, dass Nelson Mandela eines Tages demokratisch gewählt wird, er ist der Mann, der ohne Rachegelüste ein Volk einen kann. - Danke, liebe Freunde, und jetzt soll Johanna zu Wort kommen.“

Es gab keine Mikrophone, also musste Johanna ihre Stimme erheben - und sie tat es mit Überzeugung. Wie schon vermutet, hatte Johanna das deutsche Grundgesetz ausgiebig gelernt, und ein Satz fand ihre ganze Aufmerksamkeit, nämlich dass die Würde des Menschen unantastbar ist. Johanna hatte das deutsche Grundgesetz verstanden, und sie konnte keine dankbareren Zuhörer finden als die Widerständler, die sich aus allen Glaubensrichtungen und Hautfarben gefunden und nur ein einziges gemeinsames Ziel vor Augen hatten: die Freiheit und die Würde des Menschen.

Keiner der Zuhörer zweifelte mehr daran,

dass Johanna mit ihrer Freiheit und Würde, die sie erfahren durfte, das Rezept für Frieden in Südafrika verband, vereinigt mit der Gewissheit, dass nur einer Garant für dauerhaften Frieden sein konnte, und das war kein anderer als Nelson Mandela. Man beschloss, dass der erste Schritt zur langersehnten Freiheit nur sein konnte, dass Nelson Mandela nach 27 Jahren Haft die Geschicke des Landes friedlich in seine Hände nahm. Hoffnung gab das Gerücht, dass der neue Präsident offenbar in Kontakt mit Nelson Mandela war. Ein anderes, aber weniger glaubwürdiges besagte, dass er an einem geheimen Ort in Freiheit sei.

Anscheinend folgte nun der weniger erfreuliche Teil der Zusammenkunft, der militante Teil der ANC nahm immer mehr unerwünschte Personen fest, wohingegen die militanten Kämpfer um Terre'Blanche massiv aufrüsteten. Man war sich einig, wenn es nicht gelang, eine friedliche Lösung zu „erkämpfen", würden sich die dunklen Wolken am Himmel weiter verdunkeln, mit einem Ausgang, der sich unschwer erahnen ließ.

Nur Johannas positiver Vortrag sorgte dafür, dass man nicht mit negativen Vorzeichen das Treffen beendete. Anscheinend hatte sich Johanna ein Bedürfnis von der Seele geredet, denn auf dem Rückweg plapperte sie ununterbrochen wie ein Wasserfall und machte keinen Hehl daraus, was sie von Heinz erwartete. Wenn Johanna so weitermachte, würde Heinz nicht unbeschadet das Mariston Hotel erreichen. Sie ließ sich nämlich nicht von ihrem Vorhaben abbringen.

Die Gegend, in der sie unterwegs waren, war ausgesprochen ländlich, und Heinz musste sich von einem Kleidungsstück nach dem anderen trennen, bis er schließlich anhalten musste und die Welt um sich herum vergaß … Später wurde ihm bewusst, in welche Gefahr er und Johanna sich begeben hatten.

In ihrem Appartement lag noch der Umschlag des ehemaligen Managers aus dem Mariston Hotel. Zu Hause zog Johanna gutgelaunt ihren aufreizenden Bikini an, zog den Bademantel von Heinz darüber und überredete ihn, schwimmen zu gehen.

Kaum waren sie am Pool angelangt, als Johanna wie beiläufig sagte: „Der Manager ist hier, da drüben, er trägt eine Perücke und einen Bart. Aber seine Augen vergesse ich nicht, die kann er nicht verändern.“ Heinz schaute genauer hin, aber er konnte keinen Manager erkennen, doch er glaubte ihr. Solange Heinz bei Johanna war, drohte keine Gefahr. Trotzdem zog er es vor, zwischenzeitlich ihr Appartement aufzusuchen, wo er heimlich den Umschlag verschwinden ließ.

Johanna schien die Gegenwart des Managers nichts mehr auszumachen, sie hatte schon wieder Lust auf die schönen Dinge des Lebens, während Heinz sich mit der Tatsache abfinden musste, dass die bloße Gegenwart des Mannes nicht strafbar war, auch nicht mit Verkleidung.

Zwei Tage später erschütterte eine gewaltige Explosion das Eliss-Park-Stadion, das zu dem Zeitpunkt größte in Südafrika, der Sachschaden war enorm! Auffallend war, dass das Stadion völlig leer war und zu der Tageszeit auch keine Serviceleute beschäftigt waren, verletzte Personen waren also nicht zu beklagen! Heinz dachte an die Worte von Kobus, demnach mussten die Widerständler also über eine gewaltbereite Brigade, die anscheinend strickt nach Befehl handelte, verfügen. Die einzige Erkenntnis war der Hinweis, dass der Sprengstoff aus der Goldminenindustrie stammte. Man folgte also dem Wunsch von Nelson Mandela.

Die Propagandamaschinerie der Rassisten lief auf Hochtouren, man beschuldigte das böse Ausland, das die Politik des Landes verteufelte. Die Festnahmen von angeblichen Gegnern nahmen zu, wo die Gefängnisse sowieso schon überfüllt waren. Politische Gefangene liefen Gefahr, zum Tode verurteilt zu werden, wobei die Urteile meistens auch vollstreckt wurden.

Schon bald folgte der nächste Anschlag, diesmal auf das riesige Parkhaus an der Bree Street in Johannesburg City, auch das Parkhaus war leer, es war an dem Tag wegen Reparaturarbeiten geschlossen. Es gab zum Glück nur Sachschaden.

Plötzlich tauchten in Johannesburg Flugblätter auf, die die Freiheit und die Würde zum Thema hatten, bemerkenswert war, dass Johannas Rede zum Vorbild gedient hatte, zum Teil sogar wörtlich. Eine großangelegte „Säuberungsaktion“ war die Folge, man suchte die Schuldigen für diese Schriften, und wenn man diese nicht fand, machte man sich welche, die durch ein erzwungenes Geständnis dafür büßen mussten. Überhaupt schienen die Rassisten ziemlich nervös zu werden, die Tatsache, dass keine Menschen zu Schaden gekommen waren, rief gewisse Sympathien in der Bevölkerung hervor. Der Unwissende in der Straße fing an zu denken, und die Flugblätter taten ihr Übriges.

Heinz und Johanna verfolgten die Geschehnisse mit großem Interesse und waren der Meinung, dass hier der gewünschte Effekt ganz langsam in Gang kam und wohl kaum noch aufzuhalten war.

Trotzdem setzte sich der Trend fort, dass immer mehr namhafte internationale Firmen das Land verließen, sie befürchteten Unruhen oder gar einen Bürgerkrieg und sahen somit ihr Investment in Gefahr. Obwohl Heinz und Johanna das Gefühl hatten, dass die Bewegung Erfolg zu haben schien, spitzte sich die Lage immer weiter zu, die Nationalsozialisten glaubten, ihre Rasse verteidigen zu müssen, rüsteten deshalb massiv auf, insbesondere erhielt Terre'Blanche sogar noch Unterstützung von den Neonazis aus dem Untergrund in Deutschland.

Die riesige Überzahl der Unterdrückten in Südafrika fing an zu begreifen, dass sie eine Stimme hatten, die sie nur nicht zu nutzen wussten. Die Angst hatte sie zu dem gemacht, was sie geworden waren: Diener eines Regimes, das sehr wohl diese Minderheit zu beherrschen wusste.

Als Vater Walter im Mariston Hotel anrief, ahnte Heinz, dass der Anruf kein Vater-Sohn-Gespräch werden würde. „Da verübt man Anschläge", legte sein Vater sofort los, „und legt scheinbar Wert darauf, dass keine Menschen zu Schaden kommen. Kann es sein, dass du dahintersteckst?", wollte er wissen. „Falsch", antwortete Heinz wahrheitsgemäß, „ich mag

Mitwisser sein, aber kein Täter, und ich kann mir nicht vorstellen, dass du etwas dagegen hast. Da stecken Menschen dahinter, die endlich begriffen haben, dass es hier um nichts anderes geht als um die Würde des Menschen. Für die kämpfen wir ohne Blutvergießen - und wenn ich sage ‚wir', meine ich das auch. Ich bin einer von denen", sagte Heinz trotzig, „Johanna auch."

„Komisch", sagte sein Vater, „warum hatte ich das Gefühl, dass du etwas damit zu tun hast …" Nach einigem Zögern hörte Heinz ihn sagen: „Mach weiter, du bist auf dem richtigen Weg." Diese letzten Worte hatte Heinz von seinem Vater nicht erwartet, er wollte noch etwas sagen, aber Vater Walter hatte aufgelegt.

Durch die Tageszeitung hatte Johanna erfahren, dass der Chef der Zulus, Mangosuthu Buthelezi, in Soweto weilte, um zu seinen Mitbrüdern zu sprechen. Die Sangoma, zu Deutsch Wahrsagerin, die ihn begleitete und erheblichen übersinnlichen Einfluss auf ihn hatte, war Johanna bestens bekannt. Und nur ihr war es zu verdanken, dass Johanna ein Gespräch mit dem Zulu-Chef führen durfte. Ungern ließ Heinz seine Johanna nach Soweto ziehen, es war die große Gelegenheit für sie, mit ihm ein offenes Wort zu reden, um die Beziehung zum Regime zu bereden. Sie hatte keine Ahnung, wie das gehen soll, es war nur die einmalige Gelegenheit …

Die Morgenzeitung propagierte im Sinne des Regimes die positiven Seiten des Besuches und schürte damit noch die Kluft zwischen den schwarzen Stämmen. Doch Johanna ließ sich nicht davon abbringen, nur sie wusste von der ungeheuren Kraft und dem Einfluss einer Sangoma. Heinz stürzte sich bewusst in seine Arbeit, um sich abzulenken, es war nicht das Gespräch mit Buthelezi, das ihn beunruhigte, sondern eher die imaginäre Gegenwart des ehemaligen Managers. Für Heinz war der Mann allgegenwärtig, vielleicht bildete er sich das auch nur ein.

Inzwischen wurde FW de Klerk mit knapper Mehrheit zum Präsidenten gewählt, und man rätselte in alle Richtungen, welche Gesinnung er wohl haben mochte, man vermutete aber, dass er stark auf der gemäßigten Seite war. Die Tatsache, dass er Denis Goldberg schon mal entlassen hatte, sprach dafür. Sein abgewählter Vorgänger PW Botha wurde nicht müde, den Niedergang „seines“ Südafrikas zu prophezeien.

Automatisch machten die Hardliner und die militanten Nazis von sich reden. Im überwiegend rechtsgerichteten Pretoria fanden fast täglich Paraden vor dem Regierungspalast, den

Union Buildings statt, wo Terre'Blanche es geschafft hatte, besoffen vom Pferd zu fallen. So hatten die weißen Südafrikaner ab und zu etwas zu lachen, es war das Markenzeichen der weißen Südafrikaner. So feierte man tatsächlich im April Hitlers Geburtstag, wo alljährlich im Deutschen Keller in Hillbrow die jüdische Gemeinde sich eine Tracht Prügel abholte. Es war einfach Tradition, und niemand nahm das ernst …

Heinz kam wieder zurück in die Wirklichkeit, würde Denis Goldberg zum nächsten geheimen Meeting kommen und von Nelson Mandela berichten?

Teil 2

Als Johanna aus Soweto wiederkam, hatte sie es tatsächlich geschafft, mit Buthelezi ein Gespräch zu führen. Sie erzählte, dass er ein offenes Ohr für sie gehabt hatte. Er ließ verlauten, dass er auch glaubte, dass sich etwas zusammenbraue und es an der Zeit sei, vor seinem Volk Farbe zu bekennen, er möchte der Revolution nicht im Wege stehen, für ein neues Südafrika. Er würde aber im neuen Südafrika nicht das Sagen haben, eine gesamtschwarze Einheitspartei kam ihm noch nicht in den Sinn. Johanna betrachtete ihren Erfolg als einen wichtigen Schritt in die richtige Richtung.

Am nächsten Morgen waren die Titelseiten der Zeitungen mit einer einzigen Schlagzeile gefüllt: „Dynamit-Zug explodiert." Eine gewaltige Explosion hatte am frühen Morgen stattgefunden, der Zug von Durban nach Johannesburg, beladen mit Dynamit für die Goldminen, war Opfer eines Attentats geworden, bezeichnend war wieder, dass keine Menschen zu Schaden gekommen waren. Man hatte das Zugpersonal bei einem Stopp in den Drakensbergen überfallen, das Zugpersonal mit Waffengewalt aus dem Zug geworfen und den Zug führerlos in Bewegung gesetzt. Die folgende Explosion muss gewaltig gewesen sein.

Schon eine Woche später fand die nächste Sitzung der Widerständler auf der Farm satt. Es sei dringend, stand auf der knappen Einladung von Kobus, die er mit einem kurzen Gruß an Heinz sandte.

Dringend war nur, dass Nelson Mandela tatsächlich an einem geheimen Ort in Freiheit war. Auch hielten sich die Gerüchte, dass FW de Klerk und Nelson Mandela an dem angeblich neuen Südafrika bastelten. Dagegen rüsteten die Rassisten weiter auf, und Erzbischof Desmond Tutu machte mit Nachdruck von sich reden, wie er das schon immer im Exil getan hatte. Die Welt schien in Südafrika Kopf zu stehen.

Genau jetzt in dieser wirren Zeit geschah etwas, was so gar nicht in das Geschehen passen wollte: Johanna wurde zusammen mit einer anderen schwarzen Frau entführt …

Gefesselt saßen sie in einem geschlossenen Kleinlaster, es war dunkel, und sie fuhren gefühlte zwei Stunden, als der Wagen offensichtlich am Ziel angekommen war. Die hintere Tür wurde geöffnet, und Licht blendete Johanna …

Was sie dann sah, war eindeutig eine Farm auf dem Lande, überall liefen bewaffnete Männer herum und weiter hinten wurde scheinbar eine militärische Übung abgehalten.

Zwei Männer erschienen und holten die beiden Frauen höchst unsanft aus dem Wagen und schleppten sie in ein zur Farm dazugehöriges Gebäude. Die Fesseln wurden ihnen abgenommen, aber dafür wurde die Tür abgeschlossen, Fenster gab es keine. Die beiden Männer sahen ziemlich verwegen aus und machten keinen Hehl daraus, dass sie große Lust hatten, die beiden Frauen zu missbrauchen. Doch eine unsichtbare Kraft schien sie zurückzuhalten, wortlos verließen sie den dunklen Raum.

Die Frauen tasteten sich durch die Dunkelheit und fanden schließlich einen Lichtschalter, gleichzeitig wurde die Tür geöffnet und ein Mann trat ein. „Wisst ihr, wer ich bin?“, fragte er unumwunden, „ich bin Eugène Terre'Blanche von der Afrikaner-Widerstandsbewegung, Beschützer der arischen Rasse“, sagte er stolz. „Mit euch habe ich etwas ganz Spezielles vor - morgen.“ Dann verschwand er und hinterließ eine gewaltige Alkoholfahne.

Johannas Gefährtin stellte sich vor. „Ich bin Cindy und habe einen weißen Freund“, erzählte sie. „Aha“, sagte Johanna, „daher weht der Wind, auch ich habe einen weißen Freund. Dann können wir uns ja auf etwas gefasst machen, dieser Terre'Blanche hat den Ruf, äußerst brutal mit seinen schwarzen Arbeitern umzugehen …“

Terre’Blanche hatte nach eigenen Worten die Mission, die weiße Rasse in Südafrika zu erhalten und zu stärken. Genaue Zahlen über die Stärke seiner Armee waren nicht bekannt, die Schätzungen gingen weit auseinander. Man schätzte, dass er über etwa drei- bis viertausend - zweifelhafte - Gestalten verfügen konnte. Finanziell wurde er von Rechtsextremisten in Deutschland unterstützt, wobei wohl seine Rüstungsbestrebungen nicht zu unterschätzen waren.

Schon in „normalen“ Zeiten nannte man Terre’Blanche den Schlächter von Südafrika, auch weil er seine Gelüste an schwarzen Frauen befriedigte und sich stets nahm, was ihm gerade gefiel, wobei ihm jedes Mittel recht war. Auch seine schwarzen Farmarbeiter misshandelte er auf das Übelste.

Johanna und Cindy verbrachten die Nacht schlaflos in dieser Behausung.

In Johannesburg machte sich Heinz die größten Sorgen, seine Johanna war spurlos verschwunden. Er suchte verzweifelt Rat bei Daisy, Frauen hatten vielleicht eine Eingebung, wo seine Freundin geblieben sein könnte. Auf die Idee, dass sie entführt worden war, kam er nicht.

Am nächsten Morgen wurden Cindy und

Johanna unsanft ins Farmhaus geschleppt, wo sie von zwei Männern auf einen Stuhl gebunden wurden. „Der Chef wird gleich kommen", meinten sie, „seid nett zu ihm, er hat einen schlimmen Kater von der letzten Nacht." Grinsend verließen sie den Raum.

Durch die offen stehende Tür war das Schnaufen eines Pferdes zu hören, und für einen kurzen Moment konnten sie es auch sehen, das Pferd zog einen schwarzen Mann hinter sich her … Er schrie nicht mehr.

Terre'Blanche ließ die beiden eine ganze Weile zappeln, bis er die Baracke betrat und die Tür hinter sich schloss. „Du bist Johanna, die Nutte, oder etwa nicht?" Johanna bejahte. „Dann ist es gut", sagte er hämisch, „ich habe versprochen, dich heile abzuliefern. Geschmack hat er ja, du bist nämlich reserviert. Jemand hat noch ein Hühnchen zu rupfen: richtig, der Hotelmanager. Er wird morgen früh hier eintreffen." Terre'Blanche wandte sich Johannas Gefährtin zu. „Und du schwarzes Luder wirst jetzt lieb und nett zu mir sein", sagte er lüstern zu Cindy und fingerte ihre Fesseln auf. „Zieh dich aus, du wirst jetzt erleben, was ein reinrassiger Deutscher mit Weibern wie dir machen kann."

„Große Schnauze und nichts dahinter", spottete Cindy. Das war Terre'Blanche nicht gewohnt, wütend rief er seine beiden Schergen rein. „Zieht sie aus und bindet sie nebenan an den Pfahl!“ Johanna blickte der nackten Cindy nach, mit der die beiden und Terre’Blanche nach nebenan verschwanden.

Für Johanna war unschwer zu erkennen, was mit ihrer Gefährtin am Pfahl geschah, das Stöhnen und die gelegentlichen Schreie sprachen ihre eigene Sprache. Terre’Blanche ließ seine Wut an der wehrlosen Frau aus, und seine beiden Schergen halfen ihm nur zu gerne dabei.

Später fand sich Cindy in der Baracke wieder. Cindy war kaum ansprechbar, trotzdem fing Johanna an, Fluchtpläne zu schmieden, es war kaum möglich, das Farmgelände auf normalem Wege zu verlassen.

Es war längst dunkel, als Johanna den rettenden Einfall hatte, das Pferd würde ihnen zur Flucht verhelfen! Zu vorgerückter Stunde, als der Alkohol seinen Teil getan hatte, schlich sich Johanna hinaus und holte das Pferd von dem Gatter. Behutsam führte sie das Pferd zu dem hölzernen Haupttor, band ein umherliegendes Seil an den Grundpfeiler, stieg mit der angeschlagenen Cindy auf das Pferd, befestigte das Seil am Zaumzeug und gab dem Pferd die Sporen. Mit einem Krachen sprang das Tor aus den Angeln! Unbemerkt ritten sie in die

Finsternis, der Freiheit entgegen.

Der Hotelmanager fand am nächsten Morgen einen frustrierten Terre'Blanche und ein zertrümmertes Haupttor vor. Außerdem glaubte er den brachialen Tritt von Johanna in seine Weichteile wieder zu spüren. Kein Wunder, dass er auf Terre'Blanche nicht gut zu sprechen war und ihm schließlich das Versprechen abverlangte, die Johanna für ihn zu finden und möglichst unversehrt abzuliefern.

Währenddessen saß Heinz bis spät in den Abend mit Daisy zusammen und ging alle Möglichkeiten bezüglich Johannas Verschwinden durch, doch ihr Verbleib blieb ein Rätsel. Erst als Daisy beiläufig eine Bemerkung machte, nämlich dass der Hotelmanager mal erwähnt hatte, dass er der Armee von Terre'Blanche beitreten wolle, auch dass er mit Terre'Blanche befreundet sei, ahnte Heinz, wo Johanna zu suchen war. Er sprang auf, er wusste, dass der gefeuerte Manager seine Rachsucht nicht im Griff hatte. Er suchte mit allen Mitteln die schöne Johanna, was er mit ihr vorhatte, ließ sich nur erahnen, und Terre'Blanche war genau der richtige Mann, den er in seinem Wahn brauchte.

Es war ein abenteuerlicher Gedanke, den Heinz da hatte, aber irgendein Gefühl sagte ihm, dass er mit seiner Vermutung richtiglag, er konnte nichts verlieren.

Noch in der Nacht machte er sich auf den Weg nach Rustenburg, wo im ländlichen die Farm dieses Terre'Blanche angesiedelt war. Er fuhr ohne Pause und stand nach zwei Stunden vor dem Ortsschild von Rustenburg. Heinz war aufgeregt und hatte keinen Plan, wie er vorzugehen gedachte, wenn er vor der Farm des Schlächters stand. Er fuhr weiter, und plötzlich stieß er auf zwei Frauen, die ihm auf einem Pferd entgegenkamen. Johanna erkannte Heinz, zügelte das Pferd und stieg ab. Die beiden fielen sich in den Arm … Dann half Heinz Cindy vom Pferd, das sich auf den Weg zurück zur Farm machte.

Heinz fühlte sich bestätigt, als er erfuhr, dass tatsächlich der verhasste Hotelmanager der indirekte Urheber der Entführung war. Auf der Heimfahrt erfuhr Heinz detailliert den gesamten Ablauf der Geschichte, während Cindy auf der Rückbank saß und schwieg. „Wer ist diese Frau nur?“, fragte sich Heinz.

Als sie im Morgengrauen im Mariston Hotel ankamen, wurde Heinz klar, dass sie dringend ein neues Zuhause brauchten. Sie konnten hier nicht bleiben, des Managers Männer würden Johanna so lange suchen, bis der Manager seine Rachsucht befriedigt hatte, und das würde dann vermutlich endgültig sein …

Es dämmerte bereits, und Cindy blieb daher bei den beiden im Hotel, bis das Frühstück serviert wurde. Cindy hatte einen Briten zum Freund, den sie schon angerufen hatte. Jetzt saß er mit am Frühstückstisch. John, der Brite, war ziemlich wortkarg wie seine Lebensgefährtin, auch er sah die Notwendigkeit, dass sich ein Umzug nicht vermeiden ließ – er und seine schwarze Freundin hatten Ähnliches zu berichten.

Während des endlos langen Frühstücks stellte sich heraus, dass John einen Kollegen hatte, der für eine unbestimmte Zeit ein Haus in dem noblen Vorort Northcliff besaß und zurzeit in Großbritannien weilte. John hatte sich verpflichtet, sozusagen den Hausmeister zu spielen. Sein Freund gestattete den vieren, dort einzuziehen, zwei Wohnungen standen ihnen zur Verfügung.

So fasste man den Beschluss, möglichst geordnet nach Northcliff umzuziehen. Und das war keine Stunde zu spät, wie Johanna bei einem Besuch im Mariston Hotel von Daisy erfuhr. Die Getreuen von Terre'Blanche hatten kurz nach ihrem Auszug das Hotel aufgesucht und nicht gerade den besten Eindruck hinterlassen. Von Daisy wollten sie wissen, wo Johanna zu finden sei, sie versuchten es mit Gewalt, aber Daisy wusste es ja nicht. Und wieder musste eine Unschuldige leiden, und wieder war Daisy diejenige. Johanna fühlte sich schuldig, denn das hatte Daisy nicht verdient.

Das Haus in Northcliff war groß genug für die vier, und sie versuchten, sich aneinander zu gewöhnen, wobei Cindy eine Fremde blieb. Irgendwie waren John und Cindy kein Liebespaar, jedenfalls verhielten sie sich nicht so. Heinz dachte an die Erzählung von Johanna, Cindy hätte sich auf der Farm von Terre'Blanche recht merkwürdig verhalten, warum hatte sie die Tracht Prügel regelrecht provoziert?

Die Bevölkerung in Northcliff war natürlich weiß und noch dazu konservativ, dementsprechend wurden die beiden ungleichen Paare auch argwöhnisch betrachtet, man wusste nicht, wie die Unbekannten einzuordnen waren. Hinzu kam, dass die Lage in Südafrika immer verworrener wurde. Fast unbemerkt verließen immer mehr Leute das Land und mehr und mehr Immobilien standen leer oder waren zum Spottpreis zu haben.

Heinz fasste den Entschluss, Südafrika zu verlassen, die schwarze Johanna und der weiße Heinz waren jetzt alles andere als sicher. Sein Vater teilte seine Meinung und machte den entscheidenden Vorschlag, nämlich dass bei seinem Bruder in Deutschland der richtige

Aufenthaltsort wäre, um abzuwarten, wie und wann sich Südafrika endlich zur Normalität entwickeln würde. Er war jedenfalls davon überzeugt, dass sich alles zum Guten wende.

So wurde die Idee geboren, den Onkel in Deutschland zu besuchen, sein Vater würde seinen Bruder anrufen. Heinz konnte sich an den Onkel nicht erinnern, er war noch ein Kind, als er mit seinen Eltern in Deutschland war. John und Cindy entschlossen sich kurzfristig, einfach mitzukommen, überrascht nahm Heinz diese Entscheidung zur Kenntnis.

Einverstanden damit, versuchte Heinz, einen Überseeflug zu buchen, musste aber feststellen, dass die wenigen Flüge ausgebucht waren. Da gab ihm die nette Dame am Tresen der Lufthansa den Tipp, doch von Botswana aus nach Frankfurt zu fliegen.

Schon bald standen die vier vor dem vollbepackten VW Käfer und fragten sich, ob der kleine Wagen wohl die Fahrt nach Gaborone schaffen würde, Heinz hatte berechtigte Zweifel.

Von der Grenze zu Botswana war es nur noch eine Stunde Fahrt bis in die Hauptstadt Gaborone. Da der Flug erst am kommenden Montag ging, mieteten die vier eine Unterkunft für eine Nacht und eine Safari ins Okavango-Delta, danach würde sich Heinz von seinem Käfer verabschieden.

Heinz fiel auf, dass sich niemand um die ungleichen Paare kümmerte, sie fielen nicht einmal auf … Die Rassentrennung hatten sie hinter sich gelassen.

In aller Frühe brachen sie auf ins wilde, naturbelassene Botswana, sie passierten nur noch die Ortschaft Molepolole, von da an ging die Fahrt auf unbefestigten Straßen weiter, bald waren vereinzelt die ersten wilden Tiere zu sehen, und der Käfer lief und lief … Johanna wurde nicht müde, die einzigartige Fauna und Flora zu erklären, sie war in KwaZulu-Natal aufgewachsen und hatte deshalb ein natürliches Verhältnis zu Mutter Natur.

Teil 3

Erst gegen Abend erreichten sie das erste Etappenziel, ein Camp, welches so in die Landschaft eingefügt war, dass man es erst bei genauem Hinsehen entdeckte. Beim Eintreffen stellte sich jedoch heraus, dass der Mitarbeiterin in Gaborone offenbar ein Buchungsfehler unterlaufen war, es gab nur noch ein Doppelzimmer. Man würde es überleben, dachte Heinz.

Es fehlte an nichts trotz der typisch rustikalen Buscharchitektur. Man setzte sich zu den anderen Gästen auf die Terrasse und beobachtete das Wildleben, welches in der Tat einzigartig war. Als Südafrikaner war Heinz an die Naturschönheiten gewöhnt, aber dies hier war eben wieder ganz anders … Und es gab hier keine Rassisten!

Heinz wurde plötzlich bewusst, dass sie ja eigentlich auf der Flucht und jetzt notgedrungen in den Okavango-Sümpfen gelandet waren. Flucht ja, aber er wusste, dass er mit Johanna wiederkommen würde, Südafrika war einzigartig in vielerlei Beziehung, und Heinz witterte Morgenluft, er fühlte, dass sich die Rassisten nicht mehr lange halten würden, als positiv denkender Mensch glaubte er das jedenfalls.

Jetzt ging es erst mal nach Deutschland, wo er schon mal als Kind mit seinen Eltern gewesen war, sich aber kaum noch daran erinnern konnte. Für Johanna war es die erste Reise ins Ausland, und dann gleich eine Übersee-Flugreise! Heinz fühlte mit ihr, es war ein wichtiger Einschnitt in ihr Leben, sie verließ nicht nur ihre Heimat, sondern auch ihre Familie. Aber Johanna ließ sich nichts anmerken, sie genoss das Zusammensein mit Heinz, dem Weißen, dem großen Jungen, den sie so sehr liebte.

Es wurde dunkel, und Heinz wusste, dass man hier jetzt pflegte, zu Bett zu gehen, denn bei Sonnenaufgang wurde rasch gefrühstückt, und danach war das Camp sofort leer … Mit der Dunkelheit wurde ihm bewusst, dass es nur ein Doppelzimmer gab für die beiden Paare.

Johanna zog sich wie selbstverständlich aus und warf sich so, wie sie war, auf das Bett, es war ihre Kultur, und sie tat es so natürlich, und man hatte nicht den Eindruck, dass sie frivole Hintergedanken dabei hatte. Cindy dagegen zog sich überhaupt nicht aus, sondern legte sich angezogen ins Bett. Heinz wunderte sich wieder einmal, aber er freute sich auf den nächsten Tag, der schon bei Sonnenaufgang beginnen würde. Mit diesen Aussichten schlief er bald ein.

Das Frühstück war ziemlich mager und nur dazu gedacht zu sättigen, um möglichst schnell in diese wunderschöne Natur zu entschwinden.

Als die Sonne den Frühnebel verbrannte, erwachte die Natur, und die vier genossen einen einzigartigen Tag in der von Artenreichtum gesegneten Landschaft des Okavango-Deltas, bevor sie am Abend nach Gaborone zurückkehrten, um den Flug nach Frankfurt anzutreten. Bis dahin hatten sie keine Zeitungen gesehen oder Nachrichten aus Südafrika gehört. Umso erstaunter waren sie, als in der Lufthansa-Maschine die ersten Ausgaben der Sunday Times verteilt wurden. CHRIS HANI VOR SEINEM HAUS ERSCHOSSEN war in großen Lettern auf der Titelseite zu lesen.

Chris Hani war der Leader der kommunistischen Partei Südafrikas und Mitglied des African National Congress, und damit war das absolute Chaos perfekt, und niemand wusste mehr, wer gegen wen seine Waffen und seine Stimme erhob. Die Leidtragenden waren natürlich wie immer die Schwarzen, die in ihrem eigenen Land nach einem Führer suchten, der sie wieder in die Normalität führen konnte. Den gab es, es gab ihn wirklich, nur er stand vor einem Scherbenhaufen, und er wusste, es genügte ein Funke, und Südafrika würde in Flammen stehen. Es war Nelson Mandela, der vor einer fast unlösbaren Aufgabe stand.

Das Thema „Chris Hani" beschäftigte die jungen Leute noch den ganzen Flug bis nach Frankfurt. Heinz dachte an die Kuriosität ihrer kleinen Gruppe: John, ein Brite und einst Kolonialherr, Heinz, ein Einwanderer aus Deutschland, Johanna, eine Einheimische und Zulu, und schließlich Cindy, ebenfalls einheimisch, aber Tswana. Sie repräsentierten, ohne es zu wissen, das Südafrika der Zukunft.

Im Augenblick war diese Multi-Kulti-Truppe auf der Flucht, weil sie dem derzeitigen Regime ein Dorn im Auge war.

Heinz glaubte, dass sie im richtigen Moment geflohen waren. Johanna schmiegte sich an ihn. „Und wenn du zum Nordpol gehst", sagte sie leise, „ich komme mit dir."

„Jetzt landen wir aber erst mal in Frankfurt", sagte Heinz und schaute aus dem Fenster, wo ihm ein nebliges Grau einen kalten guten Morgen wünschte. Aber niemand war ihnen auf den Fersen, niemand träumte von der schwarzen Schönheit, über die er verfügen durfte, nur weil sie schwarz war. Und Heinz wurde gesucht wegen Verstoßes gegen die Rassengesetze. John sprach kein Wort über seine Vergangenheit, und von Cindy wusste er nur, was er von Johanna gehört hatte, und das war recht seltsam. Warum hatte sie

Terre'Blanche so bewusst gereizt, dass er sie vor Wut ausgepeitscht hatte? Manchmal dachte Heinz, dass sie ihn nur von Johanna fernhalten wollte … Doch dann verwarf er den Gedanken wieder.

Am Flughafen kaufte Heinz eine Karte von Deutschland und Tickets für den ICE, der sie nach Nümbrecht im Oberbergischen Kreis bringen sollte. Die Kreditkarte von seinem Vater funktionierte auch hier, und John bezahlte wieder bar in Mark.

Heinz war gespannt auf seinen Onkel, den er ja noch nicht kannte, er wusste aber von seinem Vater, dass der Onkel ein kleines Gästehaus auf seinem Anwesen hatte, da sollte die Unterbringung kein Problem sein. Nur John und Cindy hatte Heinz verschwiegen, notfalls mussten sie wieder in einem Bett schlafen.

Heinz und Johanna genossen die Reise mit dem Zug durch Deutschland, es war ja wie ein Abenteuer für beide, und die Sonne sorgte inzwischen auch für gute Stimmung.

Nach drei Stunden Fahrt und einmal Umsteigen erreichten sie schließlich Nümbrecht, wo ein untersetzter Mann im mittleren Alter mit einem Plakat, auf dem „Heinz und Johanna" geschrieben stand, auf sie wartete. Es war der Onkel, der Unbekannte …

Gerd Köhler hieß der Onkel und war nicht

gerade gesprächig, und als er ahnte, dass John und Cindy zu Heinz und Johanna gehörten, musterte er kritisch die beiden. Heinz beobachtete aus den Augenwinkeln, dass er Cindy mit den Augen auszog, der Onkel musste wohl bemerkt haben, dass der Brite nicht sonderlich an ihr als schwarze Frau interessiert war, obwohl sie anscheinend ein Paar waren. Doch Heinz vergaß schnell diesen kurzen Eindruck und nahm seine Johanna in den Arm. „Willkommen in Deutschland, hier gibt es keine Rassisten, ich hoffe, du bekommst keine Entzugserscheinungen“, bemerkte Heinz lachend.

Wie sehr er sich doch irrte …

Es fiel den vieren verhältnismäßig leicht, sich an Deutschland zu gewöhnen, es gab nicht den Stress, dem man in Südafrika im Moment ausgesetzt war. Nur das Wetter war ziemlich gewöhnungsbedürftig, hinzu kam, dass die Sonne, wenn sie schien, Mittags nicht im Süden stand, sondern im Norden, was zu Irritationen bei der Orientierung führte.

Dass die Südafrikaner sehr sprachbegabt sind, war nicht neu, schließlich gab es elf offizielle Sprachen durch die verschiedenen Stämme. Johanna sprach die meisten davon fließend. Wie es sich aber mit der deutschen Sprache verhält, musste Heinz jetzt durch Johanna lernen.

Man sagte ja schon mal aus dem Auto heraus „Du blöde Kuh“, was dazu führte, dass Johanna zu einer völlig unbeteiligten Frau „Du blöde Kuh“ sagte, so was und Ähnliches passierte fast täglich. In Südafrika ist das Schimpfwort „Fuck you“ unschön, aber durchaus geläufig, bis Johanna in Unkenntnis daraus „Willst du mich ficken“ machte, und Heinz wusste nicht, ob sie jetzt will oder nur wissen, wie das auf Englisch heißt - die Entscheidung fiel ihm aber nicht schwer … Und Johanna wusste dann zweifellos, wie man das auf Englisch sagte. „Der praktische Deutschunterricht ist viel einfühlsamer, es lernt sich leichter“, bemerkte Johanna später augenzwinkernd.

In Südafrika war die Stimmung gespannt wie nie zuvor, keine der beteiligten Parteien wagte den ersten Schritt in die bewaffnete Konfrontation, die in die DDR geflüchteten Schwarzen lagen auf der Lauer, aber ihr legitimer weißer Führer war ermordet worden. In Russland und in der DDR dachte man an Nachschub von geeigneten Führungskräften aus den eigenen Reihen nach. Solche Kräfte mussten aber auch das Vertrauen der einheimischen Bevölkerung besitzen, und das war ein schwieriges Unterfangen.

Chris Hani hatte das Vertrauen der meisten Schwarzen genossen, er war als Weißer einer von ihnen, und man war sich einig, dass der Verlust ein schwerer Verlust für die Kommunisten und in Anbetracht der Lage kaum zu ersetzen war. Seine Ermordung ging eindeutig auf das Konto der regierenden Rassisten in Pretoria, das mochte absurd klingen, er war doch Weißer, aber die Kommunisten hatten Südafrika auf ihrer Speisekarte …

Die Kommunisten waren sich dessen sehr wohl bewusst, was sie im Begriff waren zu verlieren, es waren nicht nur die gewaltigen Bodenschätze, es war auch die einzigartige strategische Lage mit zwei Weltmeeren vor der Haustür. Gold und Diamanten waren natürlich ein willkommener Vorwand, die anderen Vorteile waren sehr wohl gewichtiger.

Terre'Blanche war jederzeit bereit, in den Konflikt mit seiner Armee einzugreifen, er wartete nur auf den Befehl seiner Genossen. Seine schwarze Traumfrau hatte er aber nicht aus den Augen verloren, seine Späher glaubten, sie einmal in Johannesburg gesehen zu haben, Johanna war es aber keinesfalls, sie war in Deutschland und lernte mit Vergnügen Deutsch.

Dabei hatte Terre'Blanche ein komfortables Gefängnis auf seiner Farm gebaut, wo er sich jederzeit nach Lust und Laune bedienen konnte. In einer Anwandlung von gutem Willen hatte er sich vorgenommen, die traumhafte Johanna nur zu bestrafen, wenn sie sich widerspenstig zeigte. Die Bestrafungen vor seinem Farmpersonal zur Abschreckung wollte er an einer Frau vollziehen, die er aus seinen Bediensteten noch auszusuchen gedachte.

In Deutschland hatte Johanna keine Ahnung, was ein Terre'Blanche für sie auf Lager hatte, sie war dem rechtzeitig entkommen, nur wusste sie es nicht.

Der Onkel hatte stets ein Auge auf Cindy, der es offenbar gefiel, aber das Seltsame war, dass John sich nicht daran störte. Beim Augenstriptease blieb es dann aber, und Johanna war tabu, weil sie zu sehr mit seinem Neffen liiert war.

Dass der Onkel nicht gesprächig war, wussten die vier, als er aber plötzlich anfing, einen regelrechten Vortrag zu halten, verwunderte sie das umso mehr. Sein Vortrag hatte zum Thema die Entstehung einer rechtsextremen Zelle in Nümbrecht, dieser ein wenig verschlafenen Kleinstadt.

Heinz horchte überrascht auf, alles hätte er keine Rechtsextremisten in Deutschland erwartet, doch der Onkel belehrte ihn eines Besseren. „Sie sind überall, sie ziehen sich nicht mehr auffällig an, keine Stiefel mehr, sie sehen aus wie du und ich und sind bestens organisiert, sie sind gegen Türken und jede Art von Ausländern, und neuerdings haben sie scheinbar Zuwanderer aus Afrika im Visier.

Ich erzähle euch das, weil ihr Männer scheinbar völlig unbekümmert mit euren beiden Afrikanerinnen seid, ihr solltet aber auf der Hut sein, niemand weiß, was die Kerle vorhaben. Manchmal treten sie öffentlich auf, verbreiten Nazisprüche, aber ansonsten meiden sie näheren Kontakt. Was sie tun, tun sie im Untergrund. Einige von ihnen sind bekennende Reichsbürger, sie lehnen die öffentliche Ordnung ab, haben eigene Pässe und vieles mehr übernommen aus nationalsozialistischer Zeit."

Heinz, der das Licht der Welt in Südafrika erblickt hatte, hatte geglaubt, dass im Land seiner Eltern Rassismus kein Thema sei, sah sich getäuscht. Zwar war Diskriminierung von Ausländern keineswegs Bestandteil der Rechtsordnung, kam aber durchaus vor. Es gab aber kein Gesetz, welches verbot, dass ein Deutscher zum Beispiel eine Türkin oder eine Thailänderin heiratete. Nach wie vor galt in Deutschland der Paragraph 1 des Grundgesetzes „Die Freiheit des Menschen ist unantastbar", mit entsprechenden Unterpunkten.

Johanna hatte das heimlich gelernt und begriff jetzt nicht, was vereinzelte rechtsextremistische Zellen zu bedeuten hatten. Sie verstand, dass diese Leute im Untergrund agierten, aber was hatten die für Ziele? Sie nahm sich vor, das verstehen zu lernen.

Heinz ahnte, dass für Johanna das deutsche Weltbild ins Wanken geriet - vor Rassisten waren sie geflohen … Heinz brachte Johanna wieder auf die richtige Spur, diese Gruppierungen waren, gemessen an der Allgemeinheit, nur eine winzige Minderheit. Johanna begann langsam zu verstehen, der Schock hatte für den Moment der hübschen Südafrikanerin zu schaffen gemacht.

Der Vortrag des Onkels hatte John nur am Rande berührt, auch betrachtete er seine Cindy mehr sporadisch, seine große Liebe war sie jedenfalls nicht, das hatte Heinz schon öfters beobachtet. Warum nur waren die beiden mit ihnen geflüchtet? Cindy hingegen hatte beim Vortrag des Onkels mehr als gespannt zugehört, was ging in den beiden vor?

Der Onkel schloss seinen Vortrag mit dem Hinweis, dass das kleine Nümbrecht schon immer - die kaum spürbare - Neigung nach rechts hatte, und nur den Eingeweihten bewusst war, ein Außenstehender würde diese Besonderheit in Nümbrecht nicht einmal wahrnehmen.

Der Onkel hatte sich nach der für ihn endlosen Rede verausgabt, er schnaufte und gab damit kund, dass der Vortrag jetzt beendet war. Von nun an widmete er sich seinem Lieblingsobjekt, Cindys Beinen. Sie hatte fast unbemerkt ihren Rock ein wenig nach oben gestreift, so dass der Onkel die Aussicht auf ihre entblößten Beine genießen konnte. Das reichte dem Onkel für den Abend, er war anspruchslos, hatte er seine Frau schon vor vielen Jahren verloren. Das wusste Heinz von seinem Vater.

Dann erwähnte der Onkel noch, dass zurzeit in Nümbrecht die Herbstkirmes gefeiert würde, sie beschlossen einstimmig, am nächsten Tag diese Kirmes zu besuchen. Keiner der vier jungen Leute wusste so recht, was eine Kirmes überhaupt war, so hatte jeder seine eigenen Vorstellungen davon, die völlig unterschiedlicher Natur waren.

Der Onkel wünschte eine gute Nacht, aber nicht ohne noch mal seinen Blick auf Cindys aufreizenden Beinen verweilen zu lassen.

Am nächsten Morgen hatte man den frustrierenden Bericht über die Rechten in Nümbrecht vergessen und bereitete sich froh gelaunt auf die Kirmes vor.

In Nümbrecht schien alles nur in eine Richtung zu verlaufen, da war in der Mitte der Marktplatz, wo unübersehbar ein Riesenrad in die Luft ragte, und die Achterbahn war gleich nebenan zu sehen … Dem Onkel gefiel seine Rolle als Kirmesführer noch weitaus mehr, als er Cindy überredet hatte, mit ihm in die Achterbahn zu klettern, wobei ihr Rock in atemberaubende Höhe rutschte.

Heinz überzeugte Johanna, mit ihm in die Geisterbahn zu steigen, Johanna hatte natürlich keine Ahnung, was sie dort erwartete. Vielleicht spielten Südafrikas Sangomas eine Rolle in ihrem Gefühlsleben, als sie einen unglücklichen Geist, der sie vermeintlich angriff, gezielt traf, worauf er die Lust am Geistspielen für den Tag aufgab.

Nachdem sich die fünf Kirmesbesucher mit Popcorn und gebrannten Mandeln vollgestopft hatten, stand die Schießbude auf dem Programm. Cindy und Johanna hatten noch nie ein Luftgewehr in der Hand gehabt. Der Onkel erklärte, dass man die kleinen weißen Röhrchen treffen müsste und nicht irgendwelche anderen schönen Dinge am Schießstand und schon gar nicht den Budenbesitzer. Der Blick, den Johanna ihm zuwarf, war Heinz nur zu gut bekannt, Johanna schoss keine Nieten …

Sie war auf einer Erfolgswelle, als Cindy, die neben ihr stand, von einem jungen Mann angepöbelt wurde, der sogar handgreiflich wurde und sie als Afrikanutte beschimpfte. Als Cindy nicht reagierte, reagierte Johanna - und ihr Zulu-Blut. Der Bursche entriss ihr das Luftgewehr und griff ihr an die Brust. „Griffige Titten, ha!“ Weiter kam er nicht, und er lernte eine südafrikanische Zulu auf höchst unangenehme Weise kennen. Jedenfalls war der Geist aus der Geisterbahn nicht mehr der Einzige, der Johanna kennengelernt hatte.

Nach kurzem Überlegen zog Heinz es vor, die Kirmes zu verlassen. Ärger gab es zu Hause schon genug. „Das“, sagte der Onkel, „war ein typisches Techtelmechtel mit einem dieser Naziausgeburten aus Nümbrecht. In hoffe nicht“, fuhr er fort „dass ihr Schwierigkeiten bekommt, man sagt, dass diese Leute ausgesprochen nachtragend sind.“ John war zwar mitgekommen, aber so richtig teilgenommen am Treiben hatte er nicht, bis auf Cindys Begegnung mit dem Nazi, was er anscheinend als anregend empfand. Heinz zog es vor, sie unbewusst zu beobachten. Als Parallele fiel ihm dazu ein, dass Cindy Terre’Blanche einmal so gereizt hatte, dass er sie verprügelte.

Die fünf kehrten bald danach in eine typische Dorfkneipe ein und beendeten bei deftigem Essen ihren Ausflug. Sie saßen alle an einem Tisch und genossen die typische rheinische Fröhlichkeit. Am Nebentisch erzählte man sich die unglaubliche Story aus der Geisterbahn, in der ein Geist eine Kollision mit einem Irdischen hatte. An einem weiteren Tisch bekam die Geschichte noch eine besondere Note, der Geist hatte wahrscheinlich Streit mit einem anderen Geist. So entstanden in Nümbrecht wohl Anekdoten!

Dass sie vom anderen Ende der Gaststätte beobachtet wurden, bemerkten die jungen Leute, auch der Onkel nicht. Der Onkel war nicht das Ziel, Heinz und John ebenfalls nicht, Zielobjekt waren eindeutig Johanna und Cindy. Es waren drei Kneipenbesucher, die sich für die Dunkelhäutigen interessierten, die drei waren sich einig, dass andersfarbige Menschen in Nümbrecht nichts zu suchen hatten.

Die drei waren zweifellos Nazis - und Ausländer waren in ihren Augen Abschaum. Einer von den dreien war Johannas Opfer, und genau dieser Dunkelhäutigen wollte er nicht wieder begegnen, jedenfalls nicht allein und schon gar nicht im Dunkeln.

Es war schon spät geworden, und der Onkel war nicht mehr ganz nüchtern, als er wie zufällig Cindys Knie berührte und drauf und dran war, in abenteuerliche Gefilde zu entgleisen, doch jetzt machte John dem frivolen Treiben ein Ende.

Gemeinsam und leicht schwankend machten sich die fünf auf den Heimweg. Cindy und Johanna sangen ihre heimliche Nationalhymne: „Nkosi Silkelel' iAfrika …" Übersetzt hieß das „Gott beschütze Afrika". Die drei Männer vom Nebentisch in der Kneipe folgten den fröhlichen Sängern in gebührendem Abstand … Noch lange hallte der melancholische Gesang aus dem Gästehaus des Onkels.

Wie immer lag am nächsten Morgen die Tageszeitung bei dem Onkel vor der Haustür. Die Schlagzeile war allerdings recht ungewöhnlich, ein Güterzug von Durban nach Johannesburg war in den Drakensbergen explodiert! Er war vollbeladen mit Dynamit für die Goldminenindustrie. Soweit die Schlagzeile, das folgende Kleingedruckte war für Heinz von größerem Interesse. Das Zugpersonal wurde bei einem Zwischenstopp gezwungen auszusteigen, dann schaltete man alles auf Vorwärts. Nach den Höhen der Drakensberge führten die Gleise bergabwärts, der Zug wurde immer schneller, bis eine gewaltige Explosion den Gefahrguttransport beendete. Auch hier kamen wieder keine Menschen zu Schaden. Die Freiheitsbewegungen, die zweifelsohne hinter den Anschlägen steckten, gewannen zunehmend an Sympathie in der breiten Bevölkerung.

Die Goldminen brauchten dringend Dynamit, ohne den die Goldförderung nicht mehr gewährleistet war, in dieser Krise waren aber Devisen ungeheuer wichtig, man hatte die südafrikanische Wirtschaft empfindlich getroffen.

Heinz, der Optimist, glaubte, dass das Apartheidsystem bald vor dem Kollaps stehe, wenn die Leute keine Arbeit mehr hatten, war der Zusammenbruch vorprogrammiert. Allerdings wusste er von seinem Vater, dass zum Beispiel die DDR seit Jahren an der Pleite vorbeischrammte und sich künstlich am Leben erhielt.

Heinz hatte eine Idee. Die südafrikanische Botschaft war zu der Zeit in Bonn, und das war ganz in der Nähe. Er nahm sich vor, aufs Geradewohl am nächsten Tag mit dem Auto des Onkels dorthin zu fahren, um Kontakte zu knüpfen. Er war sich sicher, dass viele Nachrichten nicht an die Öffentlichkeit gelangten, die aber für ihn und Johanna von Wichtigkeit waren.

Heinz fuhr mit Johanna nach Bonn, nach einer Stunde standen sie schon vor der Botschaft. Erst als Heinz ihre südafrikanischen Pässe vorzeigte, ließ man ihn und Johanna hinein. Nach einigen Blicken in Büros und etlichen Verwirrungen saßen sie einem Attaché gegenüber, der erkennen ließ, dass die Botschaft aufgrund der Vorkommnisse sich in Aufruhr befand. Heinz hatte das Gefühl, dass der Mann im Geiste schon in einem demokratischen Südafrika lebte, jedenfalls glaubte Heinz, einen Verbündeten gefunden zu haben, wozu Johanna mit ihrer Erscheinung beigetragen zu haben schien.

So erfuhr er von dem Mann etwas Neues aus der Heimat, welches auf Befehl der Regierung nicht veröffentlich werden durfte. Mit gesenkter Stimme verriet er, dass Nelson Mandela an diesem Morgen mit seiner Frau Winnie vor einer breiten Öffentlichkeit, unter strengster Bewachung, erschienen war. Anschließend, so der Bericht, habe er sich mit FW de Klerk getroffen. Ende.

Ein Freudenschrei von Johanna hallte durch das kleine Büro! „Vorsicht“, mahnte der Mann mit ernstem Gesicht, „der große Knall mag kommen, und wenn er kommt, dann kommt er jetzt bald, sehr bald.“

Heinz gab dem Attaché die Telefonnummer des Onkels, und der Mann versprach, ihn, wenn auch verbotenerweise, auf dem Laufenden zu halten, Heinz wusste nun, dass der Mann kein Rassist war.

Auf dem Heimweg versuchte Heinz, den Enthusiasmus seiner Freundin zu bremsen. „Du musst verstehen, dass Nelson Mandela für die Befürworter einer Demokratie der Retter ist, wobei die Anzahl der heimlichen Befürworter immer noch unbekannt bleibt. Möge sie sehr hoch sein, denn der ersehnte Frieden hängt an einem seidenen Faden." So fuhren sie in Richtung Onkels Gästehaus, und neben Heinz saß eine glückliche Johanna, die leise „Nkosi Silkelel' iAfrika" sang.

Vor dem Haus des Onkels stand ein unscheinbares Fahrzeug mit zwei Männern darin, doch beide fanden nicht die nötige Aufmerksamkeit von Heinz, denn die Straße wurde von zahlreichen Parkern belegt. „Alles in allem", dachte Heinz, „war es ein erfolgreicher Tag, mit einer Informationsquelle, die besser nicht sein konnte." Auch John und Cindy zeigten sich angetan, doch ihre Freude hielt sich in Grenzen, fand Heinz, als Johanna ihn in Richtung Bett schob … „So ein erfolgreicher Tag", meinte sie, ein Tag der eine Belohnung wert war, und das fand auch Heinz.

Am nächsten Morgen fiel Heinz der unscheinbare Wagen auf, weil die Parker vom Vorabend tagsüber unterwegs waren und der Wagen gut sichtbar war. Heinz nahm ihn zur Kenntnis, aber auch nur im Unterbewusstsein. Nach dem Frühstück fuhren sie mit Cindy und John in das einzige Shopping Center, das Nümbrecht zu bieten hatte. Für die beiden schwarzen Frauen war es recht ungewohnt, sich zu kleiden, wie es ihnen gefiel, sie durften Bein zeigen, so viel sie mochten, sich zu schminken mussten sie erst lernen. Es war eine andere Welt, eine Welt ohne Restriktionen, keine Sperrzeiten, und die Frau durfte Frau sein, sie durfte zeigen, was sie hatte, und war deshalb nicht gleich eine Nutte. Das Gefühl der grenzenlosen Freiheit war schlicht unbeschreiblich.

Der Paragraph 1 des Grundgesetzes „Die Freiheit des Menschen ist unantastbar" kam Johanna wieder in den Sinn, in Deutschland war diese Freiheit für Johanna allgegenwärtig. Sie genoss es, ihren schönen Körper zu zeigen, und amüsierte sich, wenn kleine Kinder ihre Mütter fragten, wer denn die beiden Frauen so braun angemalt hätte …

Cindy dagegen machte auf Heinz wieder den Eindruck, als suche sie etwas, sie war durchaus attraktiv und sexy, aber irgendwie schien ihr Körper eine andere Bestimmung zu haben.

Das Shopping Center war schnell durchgestöbert und bei weitem nicht zu vergleichen mit denen in Johannesburg, wo man einen ganzen Tag brauchte, um einigermaßen alles gesehen zu haben, aber das Gefühl der Freiheit war durch nichts zu ersetzen!

Wie verabredet, trafen sie in dem gemütlichen Lokal, das sie gemeinsam besucht hatten, auf den Onkel, der es kaum erwarten konnte, die Beine von Cindy besehen zu können. So saßen sie bald gemütlich beisammen und freuten sich angesichts der guten Laune, die die Menschen hier verbreiteten. Die Männer tranken das gute deutsche Bier, und die Frauen genossen den hiesigen Wein.

Heinz bemerkte auch diesmal nicht, dass sie beobachtet wurden. Cindys Rock war unter dem Tisch oben angekommen, und der Onkel hatte sich Mut angetrunken und entschieden, seine Hände vom Tisch unter die Tischplatte zu verlagern. Dann sagte John etwas, was Heinz wunderte. „Das gibt ein hartes Urteil in Kürze ...“, mehr verstand er nicht. Cindy erwiderte kaum verständlich „Ich kann nicht warten“, dann hörte Heinz noch das Wort Peitsche, jedenfalls glaubte er, das verstanden zu haben. Johanna lenkte ihren Heinz geschickt ab, und so blieb es bei der lockeren und fröhlichen Stimmung am Tisch, und Heinz vergaß die kleine Episode schnell.

Die Beobachter im Auto waren unbemerkt verschwunden, sie mussten zu ihrem wöchentlichen Treffen der Neonazis, wo ein neues Programm zur Bekämpfung von unerwünschten Ausländern besprochen werden sollte. Sie wussten längst, wo der Onkel mit seinem – für sie unerwünschten – Besuch wohnte, und auch, wo sie einzukehren pflegten. Ein altes, leerstehendes Forsthaus außerhalb von

Nümbrecht diente als Vereinslokal.

Heinz fand im Gästehaus eine Nachricht von seinem Vater vor und auch eine aus der Botschaft. Der Onkel erteilte ihm die Erlaubnis, seinen Vater anrufen zu dürfen. Heinz war gespannt darauf, was sein Vater so Wichtiges zu sagen hatte.

In Südafrika hatte man unter dem Druck der Medien und des Auslandes den Group Areas Act aufgehoben, die Schwarzen konnten sich jetzt frei bewegen, außerdem konnten sie auf Antrag sogar Eigentum erwerben in deklarierten weißen Gebieten. Die eingefleischten Südafrikaner liefen Sturm, veranstalteten Demonstrationen, wo es nicht erlaubt war, und die Rassisten in der Regierung bekamen es mit der Angst zu tun, ein Massaker wie in Sharpeville durfte sich auf keinen Fall wiederholen. Im Grunde genommen sahen die Rassisten ihren Wohlstand schwinden, einen Wohlstand auf Kosten der Schwarzen!

Als dann die Schwarzen anfingen, an Autobahnen weiße Autofahrer mit Steinen zu bewerfen, mochte man das verurteilen, aber die Schwarzen hatten ja nichts anderes als Steine. Bei etlichen dieser Übergriffe waren nicht nur Verwundete, sondern auch Tote zu beklagen.

Die Regierung zog die Notbremse, die Armee übernahm die Macht im Lande, schon jetzt zeichnete sich ab, dass innerhalb der Armee nicht gerade Einigkeit herrschte, denn in der Armee waren ja auch Schwarze vereidigt. Hinzu kam, dass Nelson Mandela angeblich Rosen züchtete. Die Lage war unbeschreiblich, und niemand wagte das Wort Demokratie oder gar Wahlrecht für alle nur zu erwähnen. Wer konnte, wanderte aus - und ließ sein Eigentum zurück.

„Bleibt, wo ihr seid, und genießt die Freiheit, wir bleiben hier und vertrauen auf Gott, wir beten für Gerechtigkeit …“ Das waren ganz neue Töne von seinem Vater, stellte Heinz fassungslos fest. Die Informationen bei Heinz’ Verbündeten in der Botschaft ergaben bis auf wenige Abweichungen das gleiche Bild der gegenwärtigen Lage. „Ihr seid hier sicher.“

Heinz dachte noch lange über das Gehörte nach, besonders über die Randbemerkung seines Vaters, dass das Mariston Hotel pro forma von den Leuten des Eugène Terre’Blanche besetzt worden war. „Da wäre jetzt Johanna in der Höhle des Löwen - nicht auszudenken …“, dachte Heinz. Nun schlief sie friedlich im Gästezimmer ihren Rausch aus.

Beim gemeinsamen Frühstück am nächsten Morgen am Tisch fragte Cindy plötzlich John: „Wann?“ Der schaute sie frostig an. „Wenn du reif dafür bist“ war die Antwort. Heinz konnte sich immer noch keinen Reim darauf machen, ihn überfiel aber eine leise Ahnung.

Nachdem alle die gegenwärtige Lage in ihrem Heimatland diskutiert hatten, machten sie sich auf, um das Heimatmuseum in Nümbrecht zu besuchen. Sehnsüchtig schaute der Onkel ihnen nach. John hatte darauf bestanden, dass der Onkel an dem Tag zu Hause bleibt.

Das Heimatmuseum entpuppte sich als das älteste, aber renovierte Fachwerkhaus in Nümbrecht mit Utensilien und Requisiten aus dem Mittelalter, die hauptsächlich von der katholischen Kirche benutzt worden waren, so die Ablasskiste, die versprach, dass die Sünden vergeben seien, sobald die Münze im Kasten klingt. Folterwerkzeuge aus der Zeit gab es reichlich zu sehen, wobei einem jedes Mal der Schauer über den Rücken lief. Besonders Daumenschrauben, Streckbank und weitere Folterwerkzeuge hatten es Cindy angetan, sie versuchte es zu verbergen, was ihr aber nicht gelingen wollte. Als jedoch der sogenannte Pranger auftauchte, wurden Erinnerungen an das Mariston Hotel wach. Johanna brachte ihn mit dem Pfahl des Managers in Verbindung, der im Keller damit sein Unwesen trieb. Sie dachte an Daisy, wie es ihr wohl ging?

Beim Onkel eingetroffen, fand Heinz eine erneute Nachricht von seinem Informanten in der Botschaft. Heinz rief sofort an, weil er glaubte, dass es etwas Wichtiges war. Was er zu hören bekam, war tatsächlich wichtig, nämlich dass die National Party, die Regierungspartei, im Begriff war, sich aufzulösen, zu groß war der Druck im eigenen Land, und noch viel stärker waren die Handelsbeschränkungen aus dem Ausland. Die Auslandsvertretungen verloren vorübergehend ihre Existenzberechtigung.

Doch das Wesentliche war zweifellos, dass eine neue Regierung gewählt werden sollte, und zwar sollte jeder wählen dürfen, der mindestens das 18. Lebensjahr vollendet hatte. Noch wichtiger war, dass jeder wahlberechtigt sein würde, egal welcher Hautfarbe oder welchen Glaubens der Wähler war.

Johannas Spruch „Die Freiheit des Menschen ist unantastbar" aus dem deutschen Grundgesetz war für ihr Land in greifbare Nähe gerückt.

Ein Schrei aus dem Wohnzimmer war kaum zu überhören, es war Johanna, die mit den anderen im deutschen Fernsehen der frohen Botschaft lauschte. Man verbrachte den Abend mit Diskussionen, wie es denn in Zukunft in Südafrika weitergehen würde, eine Lösung wegen der vielen möglichen Optionen gab es aber nicht, man beschloss, die weitere Entwicklung abzuwarten.

Für Johanna war die Freiheit auf einmal kein Fremdwort mehr, wie gut, dass sie jetzt in Deutschland schon einmal einen Vorgeschmack bekam, wie Freiheit sich anfühlt.

Kein Wunder, dass Heinz in dieser Nacht von einem geruhsamen Schlaf nur träumen konnte, Johanna übertraf sich selber, ihr Glücksgefühl beflügelte sie derart, dass Heinz glaubte, an seine Grenzen zu stoßen. Als die Sonne schon aufging, murmelte Johanna erschöpft: „Glück widerfährt dir nicht – Glück findet der, der danach sucht."

Aus der Küche rief der Onkel, das Frühstück sei fertig. Cindy und John kamen allerdings nicht aus dem Gästeschlafzimmer, sondern von außerhalb, und Cindy machte einen ziemlich mitgenommenen Eindruck. Sie ließen nichts darüber verlauten, wo sie die Nacht verbracht hatten, während Heinz, trotz seiner Müdigkeit, eine seltsame Entdeckung machte: Cindy trug wie jeden Morgen ihren ohnehin schon kurzen Rock eher zugunsten ihrer Beine, und dabei offenbarte sie für den Bruchteil einer Sekunde, dass sie kein Höschen trug.

Heinz, der ja an das Gute im Menschen glaubte, war der Meinung, dass Cindy das nicht mit Absicht tat, sondern sie musste ihr Höschen irgendwo verloren haben … Wie absurd der Gedanke war, sah er kurz danach auch ein.

Schon seit Tagen stand auf dem Programm ein Besuch des Nümbrechter Freibades, Johanna frohlockte, dass sie ihren Bikini im Gepäck hatte, und da Heinz ihr das Schwimmen im Mariston Hotel beigebracht hatte, bestand sie darauf, auch in Deutschland schwimmen zu dürfen. Vielleicht schwamm es sich in Deutschland anders, meinte sie schelmisch. In Wirklichkeit wollte sie wissen, wie die Deutschen beim Anblick einer schwarzen Frau in Badebekleidung reagierten.

Als sie aus der Umkleidekabine kam, erregte sie erwartungsgemäß die Aufmerksamkeit, die sie verdiente, denn in Nümbrecht hatte es noch keine Schwarze im Bikini gegeben, jedenfalls nicht mit einer so perfekten Figur.

Ein bisschen Eifersucht konnte Heinz sich nicht verkneifen, als er die bewundernden Blicke der jungen Nümbrechter Männer sah. Johanna nahm zur Kenntnis, dass die Männer sich benehmen konnten, denn eine Schwarze war in Deutschland kein Freiwild, und man konnte nicht über sie verfügen wie in ihrer Heimat. Sie war hier eine Frau, und sie genoss den Respekt, den man ihr zollte. Die Freiheit, ja die Freiheit tat gut. Ein schönes Gefühl! Cindy dagegen saß mit John auf ihrer Decke, konnte nicht schwimmen, hatte auch keinen Bikini.

Doch Johanna hatte sich zu früh gefreut. Eine Gruppe Jugendlicher, im Volksmund Halbstarke genannt, hatte Johanna im Visier, sie diskutierten lautstark, ob Schwarze wohl abfärben oder farbecht seien. Johanna kam einer dieser Halbstarken bekannt vor, bis sie sich besann, dass er derjenige von der Schießbude war. Johanna hatte ihn nicht gerade in bester Erinnerung. Das beunruhigte Johanna nicht, aber was Heinz in seiner Muttersprache hörte, machte ihm Sorgen. Da war die Rede davon, dass die Schwarzen das Wasser verschmutzen und dass man ihnen eine ordentliche Tracht Prügel verpassen müsste, damit sie freiwillig abhauen, die verpesten die deutsche Kultur und derart mehr.

Heinz stellte schnell fest, dass sie nur in der Gemeinschaft eine große Klappe hatten, einzeln waren sie harmlos und fielen nicht auf, im Moment sangen sie lauthals und falsch „Die Fahnen hoch ...“.

Heinz glaubte, dass diese Art von Rassismus in Südafrika System und ernstzunehmende Folgen für die schwarze Bevölkerung hatte. Hier in Deutschland gab es Minderheiten und einzelne Zellen, die bei den älteren Leuten böse Erinnerungen wachriefen. Eine ernsthafte

Bedrohung wie in Südafrika war das alles für Heinz nicht. Als er mit Johanna vom Schwimmen zurückkam, war die grölende Horde verschwunden. Gleichmütig packten sie ihre Sachen und fuhren wieder mit des Onkels Kleinwagen nach Hause.

Sie saßen im Wohnzimmer und sahen die aktuellen Nachrichten im Fernsehen, wo die neueste Entwicklung in Südafrika jetzt Thema Nummer eins war. Eine wichtige Bekanntmachung von Nelson Mandela wurde für die nächsten Tage angekündigt. Der Sprecher sprach von einer neuen Partei, die vermutlich von dem ANC noch zu gründen war. Die jetzige Regierung würde folglich in die Opposition gehen und sich Democratic Party nennen. Die Fragezeichen mehrten sich statt weniger zu werden, man wartete einfach auf den nächsten Tag, denn von der Botschaft kamen im Moment keine Informationen.

Als dann noch eine kurze Nachricht verlesen wurde, wonach Neonazis in Köln eine nicht genehmigte Kundgebung planten, horchte Heinz auf, denn Köln war ganz in der Nähe, und die Polizei bereitete sich mit einem Großeinsatz darauf vor, weil derartige Demos immer gewalttätiger wurden. Grund war stets die wachsende Zahl von Ausländern. Eine ungeklärte Anzahl von Tötungsdelikten an Türken hatte es bereits gegeben.

Johanna verzog keine Miene, und Heinz war sich nicht sicher, ob sie nicht doch das eine oder andere verstand, denn immerhin hatte sie in Südafrika für eine deutsche Familie gearbeitet und sicherlich so einiges mitbekommen.

Plötzlich dachte Heinz an seine Schwestern und an seine Mutter, sie würden in Zukunft einige Privilegien aufgeben müssen, die die Weißen bisher genossen hatten. Da fuhren Busse, die nur Schwarze transportierten, und natürlich auch welche, die nur Weiße mitnahmen. Ebenso war der Transport mit der Eisenbahn geregelt, immer nach Hautfarbe …

Auch hoffte Heinz für seine Mutter, dass die lieben Schwestern ihre Pubertät mit dem Älterwerden abgelegt hatten und zu liebenswerten jungen Damen herangewachsen waren.

Heinz, der Optimist, dachte schon an eine baldige Rückkehr in seine Heimat, wo er dann mit seiner Johanna, der schwarzen Schönheit, in Ruhe und Frieden leben konnte. Das wünschte Heinz sich jedenfalls, als er mit Johanna im Arm einschlief …

Schon früh saß Heinz vor dem Fernseher, während Johanna noch schlief. Nach belanglosem Allerlei brachte der Sender Nachrichten aus Südafrika, die aber nichts grundlegend anderes vermeldeten, nur dass Parteien versuchten, ihre Interessen mit und ohne Gewalt durchzusetzen.

Nelson Mandela dagegen plante sein neues Südafrika ganz allein, er schien klare Vorstellungen davon zu haben, wie ein freies Südafrika mit gleichem Recht für jedermann und einer funktionierenden Demokratie auszusehen hatte. Bis sein Konzept Hand und Fuß hatte, schwieg er. Das Wort Vergeltung hatte in seinem Konzept keinen Platz, so war auch kein Platz dafür, wer gegen wen und warum kämpfen sollte, es sollte einfach nur ein neues Südafrika werden, von Grund auf neu. Diskriminierung würde das neue Grundgesetz ausreichend berücksichtigen, niemand würde straffrei die alten Schimpfwörter benutzen, die man bisher speziell für jede Rasse auf Lager hatte.

Das erfuhr Heinz aber nicht aus dem Fernsehen, sondern von seinem heimlichen Informanten aus der Botschaft. Die Nachrichtensperre war aufgehoben, und der regimetreue Botschafter war mit sofortiger Wirkung suspendiert worden. Das war Inhalt des frühen Anrufs aus der Botschaft, der Informant machte zudem einen deutlich zufriedeneren Eindruck als die Tage vorher.

Das war natürlich das Thema beim Frühstück und wurde ausreichend diskutiert. Nur der Onkel hatte anderes im Sinn, denn mittlerweile machte er sich unter dem Tisch zu schaffen. Cindy schien das nicht zu stören, und John, der neben ihr saß, gab sich Mühe, einen unbeteiligten Eindruck zu vermitteln. „Seltsam“, dachte Heinz, aber die Frühstücksneuigkeiten überschatteten alles, was nicht zu einem gutbürgerlichen Frühstück gehörte.

Ein Spaziergang in einem nahe gelegenen Natur- und Wildpark stand auf dem Programm, der Onkel konnte nicht daran teilnehmen, denn er hatte einen wichtigen Termin beim Einwohnermeldeamt, man wollte von ihm wissen, wen er auf seinem Grund und Boden beherbergte. Immerhin hatte man herausgefunden, dass die Gäste nicht in Deutschland registriert waren, schon gar nicht die beiden schwarzen Frauen. „Könnte es wohl sein“, meinte der Beamte, „dass die beiden Weiber …, äh …, einem Gewerbe nachgehen?“ Da verlor der sonst so besonnene Onkel die Geduld und predigte dem Beamten wütend und lauthals das Wort zum Sonntag, worauf der Beamte angesichts solcher Töne, die man in Nümbrecht nicht in den Mund zu nehmen pflegte, die Gesichtsfarbe wechselte. Als der Onkel das Einwohnermeldeamt wutentbrannt verließ, gab es keinen Zweifel daran, dass man ihn in bleibender Erinnerung behalten würde.

Als Heinz mit John und den beiden schwarzen Frauen den Natur- und Wildpark erreichten, mussten sie feststellen, dass der Park sauber und gepflegt war, aber in keinster Weise mit den Naturreservaten im südlichen Afrika zu vergleichen war, und schon gar nicht mit dem Okavango-Delta. Trotzdem genossen sie einen erholsamen Tag mit einheimischen Wildtieren und der entsprechenden Flora, aber alles hatte irgendwie eine Ordnung, es fehlte ihnen das wilde Afrika …

Zuhause versuchte der Onkel, sich abzuregen. Die Frauen als Nutten zu bezeichnen fand er unverschämt, besonders weil er von einigen Beamten wusste, dass sie regelmäßig ins benachbarte Köln fuhren, um dort ihre fleischlichen Gelüste zu befriedigen, denn entsprechende Bordelle gab es dort genug. In Nümbrecht wusste man eben alles, auch, wer mit wem fremdvögelte. Aber das zwei unschuldige Mädchen aus Südafrika einem Gewerbe nachgingen, in Nürnbrecht …

Der Onkel war schon wieder auf Angriff gepolt, dann hatte er plötzlich einen Gedanken: Könnte es sein, dass die Behörde einen Hinweis erhalten hatte, nämlich dass die beiden schwarzen Mädchen anschaffen gehen könnten?

Der Onkel war nach einer Weile davon überzeugt, dass gewisse rechtsextremistische Kreise in Nümbrecht dahinterstecken mussten, Johanna und seine Cindy waren in Gefahr, davon war der Onkel jetzt überzeugt!

Müde vom Tag, aber zufrieden, machten sich die jungen Leute auf den Heimweg, Heinz wollte außerhalb von Nümbrecht noch tanken. John und Heinz warteten gewohnheitsmäßig darauf, dass sie bedient wurden, sie vergaßen, dass sie in Deutschland waren, Service wie in Südafrika gab es natürlich hier nicht. Heinz musste sich selbst bedienen, und als er in der Station bezahlen wollte, war John schon dort und kaufte seinen Zigarettenvorrat ein.

Da hörten sie Tumult und einen Schrei von der Zapfsäule, Johanna lief auf die Station zu, ein Mann lag vor dem Kleinwagen des Onkels und bewegte sich nicht mehr, während einige Männer Cindy in einen Kombi zerrten und zügig mit ihr davonfuhren.

In der Station fiel Johanna Heinz um den Hals. „Ruf die Polizei“, rief sie, „hier dürfen wir Schwarzen das doch! Dem Mann dort auf dem Boden konnte ich den Zulu-Knock-out-Schlag verpassen. Jetzt haben sie Cindy entführt, und ich konnte ihr nicht helfen …“, klagte sie. „Mach dir keine Sorgen“, sagte John lakonisch, „sie hat darauf gewartet.“ Während Heinz allmählich ein Licht aufging, verstand Johanna in ihrer Aufregung nichts.

Die Polizei war sehr schnell vor Ort und leitete sofort die Fahndung ein, bevor der ganze Vorfall unbürokratisch aufgenommen wurde. Johanna hatte sich inzwischen beruhigt und staunte, dass die Polizisten völlig unvoreingenommen den Fall behandelten. In Südafrika hätte es geheißen „Selber schuld, Nutten“ …

Schon bald war ein Polizeihubschrauber über dem Waldgebiet zu hören, als die verbliebenen drei in dem Kleinwagen zum Onkel fuhren, der sich jetzt in seiner Annahme bestätigt sah, dass die beiden Afrikanerinnen in Gefahr waren, seine Wut auf das Amt bekam neue Nahrung … Rassismus hatte in Nümbrecht doch keinen Platz, schon gar nicht, wenn es um die attraktive Cindy ging, er hatte sich an ihren Anblick gewöhnt.

Heinz indessen hatte jetzt kapiert, was mit Cindy los war, sie hatte sich gegen die Entführung nicht wirklich gewehrt, auch als sie in den Händen des berüchtigten Terre'Blanche war, hatte sie ihre Bestrafung bewusst herbeigeführt - und offensichtlich genossen. Welche Rolle ihr sogenannter Freund John dabei spielte, war ihm noch nicht klar.

Heinz spielte mit dem Gedanken, die Polizei anzurufen und die Fahndung nach Cindy abzublasen. Sollte sich Cindy doch von einer Horde Neonazis den nackten Arsch versohlen lassen, und wenn die Jungs erst mal richtig in Fahrt kamen, würden sie nicht zögern, die gewollt wehrlose Frau zu missbrauchen.

Wie Cindy später berichtete, hatten die Männer sie in das stillgelegte ehemalige Forsthaus geschleppt, dort an eine Vorrichtung gefesselt und ausgepeitscht, anschließend hatten sie die Frau in ihrem Rausch missbraucht, alle nacheinander … Dann hatten sie den nackten Körper mit rassistischen Parolen bemalt und am nächsten Morgen dem Onkel vor die Tür gelegt.

Cindy gab erstmals offen zu, dass sie die Qual der Erniedrigung brauchte - und nichts dagegen tun konnte. Der Onkel nahm das Bekenntnis kommentarlos zur Kenntnis.

Die Polizei wurde informiert, die Fahndung abgebrochen, und zu seinem Erstaunen machte Heinz die Erfahrung, dass Cindys Neigung nichts Ungewöhnliches sei und speziell in den Dörfern des Öfteren zu finden sei. Die Neonazis allerdings wurden nun strafrechtlich verfolgt, ob mit oder ohne Erfolg, blieb abzuwarten …

Johanna war durch ihre Schlagfertigkeit der Entführung entkommen. Doch ihre Euphorie hatte gelitten, war das nun ein isolierter Einzelfall, oder war sie in Deutschland als nicht weiße Frau auch nicht sicher? Die Entwicklung in Südafrika war jedenfalls vielversprechend, und vielleicht war ihre Zukunft mit Heinz im neuen Südafrika die Lösung, eine Lösung, die dank Nelson Mandela auch richtungsweisend sein könnte für Länder, die ähnliche Probleme mit unterschiedlichen Kulturen gewohnt waren. Wie war das noch: Wer nicht den Mut hat zum Träumen, hat auch nicht die Kraft zum Kämpfen.

Am nächsten Morgen meldete sich der Informant aus der Botschaft, um kundzutun, dass Nelson Mandela am Mittag eine entscheidende Rede an die Nation halten würde. Heimliche Vorgespräche mit den beteiligten Bevölkerungsgruppen hatten anscheinend stattgefunden, und dabei hatte sich herausgestellt, dass die Hardliner der Rassisten bei weitem nicht so zahlreich waren, wie immer behauptet, die Zahl der Mitläufer und Jasager traten nun in Erscheinung. Man vermutete aber, dass die Hartgesottenen unter den Rassisten jetzt in den Untergrund gingen, um sich dort neu zu formieren.

Gegen Mittag saßen alle vor des Onkels Fernseher, um die historische Rede von Nelson Mandela, die pünktlich live übertragen werden sollte, zu hören.

Nelson Mandela erschien im Fernsehen, wie ihn die Älteren kannten, ruhig, voller Zuversicht und in einer Weise, die keine Zweifel aufkommen ließen, dass seine Bemühungen scheitern könnten, für ihn war das neue Südafrika im Rohbau bereits fertig. So erklärte er das weitere Vorgehen, das Wichtigste seien Neuwahlen, meinte er, Neuwahlen für jeden, stimmberechtigt war jeder, der das 18. Lebensjahr vollendet hatte. Dann folgten eine Erklärung zur Regierungsbildung nach demokratischem Vorbild und die Vereidigung des neuen Präsidenten in Pretoria auf den Terrassen des Union Buildings.

Viele Schwarze in Südafrika brauchten Zeit, um zu begreifen, dass sie wählen durften, dass sie eine Stimme für ihre Heimat hatten, eine Heimat, die man ihnen genommen hatte …

Noch lange wurde im Hause des Onkels diskutiert, es war einfach zu schön, um wahr zu sein. Doch als Johanna bereits von einer Rückkehr in ihre geliebte Heimat sprach, bremste Heinz energisch ihren Enthusiasmus. „Zu früh“, meinte er, „wir warten auf den Ausgang der Wahlen, obwohl der nicht zur Diskussion steht. Und wenn der neue Präsident vereidigt ist, machen wir uns auf die Socken, Nümbrecht ade!“

Doch so weit war es noch nicht, und der Onkel begrüßte das Dableiben seiner Gäste, der Anblick von Cindys Beinen würde ihm noch für eine Weile erhalten bleiben, und Cindy genoss es inzwischen, dass ihre Beine dem Onkel ein wahres Glücksgefühl bereiteten. Was der Onkel aber nicht wusste und auch nie erfahren würde, für Cindy war es eine Art Ersatz, viel lieber hätte sie gehabt, wenn er ihr kräftig den Hintern versohlen würde.

John, das wusste Heinz jetzt, war Teil eines Belohnungsspiels, unter bestimmten Bedingungen sollte Cindy eine Belohnung bekommen, und dann verschwanden die beiden bekanntlich.

Am nächsten Tag war Markttag in Nümbrecht. Man beschloss, einen Einkaufsbummel zu unternehmen, um Lebensmittel zu besorgen. Johanna weigerte sich anfangs, Gemüse in Deutschland zu kaufen. In Südafrika hatte sie stets für ihre deutschen Familien eingekauft, so verglich sie automatisch die Preise, Obst und Gemüse kannte sie nur frisch und für den Bruchteil dessen, was sie hier bezahlen sollte. Sie lehnte sich so lange auf, bis sie einsah, dass sie die Horrorpreise akzeptieren musste, wenn sie nicht mit leeren Händen nach Hause gehen wollte.

Dass die Marktfrauen Johanna als Kaffeebohne oder auch als Lebkuchen bezeichneten, störte sie nicht sonderlich, es hörte sich eher lustig als beleidigend an.

Plötzlich stand sie dem Typen gegenüber, den sie an der Tankstelle niedergeschlagen hatte. Nur für einen Moment, dann zischte er: „Nutte, dich kriegen wir!“ Dann rannte er weg, als wäre der Teufel hinter ihm her, zu frisch war die Erinnerung an Johannas Zulu-Knockout-Behandlung. Mit seinen Kumpels würde er es ihr aber zeigen …

Die vier schlenderten zurück, und Johanna dachte an ihre Familie in Soweto, sie war der Meinung, dass es ja nicht mehr lange dauern würde, bis sie mit Heinz in ihre Heimat zurückkehren könnte. Sie würden sich ein kleines Haus kaufen und im neuen Südafrika in eine friedliche Zukunft blicken. Deutschland sah sie inzwischen mit gemischten Gefühlen, obwohl Heinz immer wieder beteuerte, dass Nümbrecht mit seinen Rechtsradikalen wohl nur ein Einzelfall sei. Heinz kannte Deutschland aber genauso wenig wie Johanna, nur sein Optimismus ließ ihn an das Gute in Deutschland glauben, das Dritte Reich war schließlich längst Vergangenheit …

Johanna wartete geduldig auf Neuigkeiten aus Südafrika, jeden Tag verfolgte sie gespannt die Nachrichten, und häppchenweise gab es immer wieder Neuigkeiten, bis der Tag bekanntgegeben wurde, an dem alle Südafrikaner zum ersten Mal wählen durften. Es war ein historischer Tag mit einem vorhersehbaren Ergebnis, wie erwartet, wurde Nelson Mandela mit großer Mehrheit zum Präsidenten gewählt.

Es war ein Wochentag in Pretoria, als Mandela in festlichem Rahmen am Union Buildings vereidigt würde. Der Ablauf wurde vollständig und live in Deutschland übertragen. Bezeichnend war, dass der Mann, der diesen Erfolg möglich gemacht hatte, neben Nelson Mandela stand und während der gesamten Zeremonie nicht von seiner Seite wich: FW de Klerk, der Mann, der Nelson Mandela aus dem Gefängnis nach 27 Jahren entlassen hatte. Erzbischof Desmond Tutu war der Schirmherr der Vereidigung und verlieh dem Ganzen den göttlichen Segen …

Überwältig erhoben sich Johanna und Heinz von ihren Plätzen, holten ihre Koffer und fingen an, ihre Sachen zu packen, beide hatten Tränen in den Augen, Cindy und John trafen ebenfalls erste Reisevorbereitungen.

Am nächsten Morgen war es der Onkel, dem der Abschied sichtlich schwerfiel. Um diesen erträglich zu machen, lud Heinz den Onkel nach Südafrika ein, dann könnte er auch seinen Bruder Walter besuchen.

Die vier buchten Flüge bei South African Airways, die Maschinen der Fluggesellschaft durften nach Beendigung der Apartheid den

Kontinent überfliegen, zuvor mussten sie den Umweg um den gesamten Kontinent in Kauf nehmen, jetzt hatten sie die Überflugrechte.

Während des Fluges hatten Johanna, Heinz, John und Cindy genug Zeit, Pläne zu schmieden, sie beschlossen, zunächst in das leerstehende Haus, welches sie schon vorher bewohnt hatten, einzuziehen. Heinz würde dann in aller Ruhe nach einer passenden Wohnung suchen, den Group Areas Act gab es ja nicht mehr, so brauchte er keine Rücksicht auf Johanna nehmen, sie durfte jetzt überall wohnen. Das Mariston Hotel würden die beiden gelegentlich besuchen.

Heinz würde seinen alten Job wiederbekommen, das hatte man ihm jedenfalls versprochen. John und Cindy würden ihren merkwürdigen Lebensstil weiterführen. Heinz nahm sich vor, mit Johanna seinen eigenen Weg zu gehen und keine Rücksicht auf die beiden zu nehmen.

Endlich kam die Skyline von Johannesburg in Sicht. Dass ihre Reise nach Deutschland eigentlich eine Flucht gewesen war, schien vergessen. Johannesburg hatte etwas Vertrautes, wo man geboren und aufgewachsen war, Deutschland würde bald vergessen sein.

Johanna hing ihren Gedanken nach, dachte an ihre Familie in Soweto. Die Schwarzen in

Südafrika mussten sich jetzt an die Freiheit gewöhnen, und das war nach langer Zeit der Unterwerfung nicht so leicht.

Schon bei der Ankunft auf dem Jan Smuts International Airport herrschte zwei Tage nach Nelson Mandelas Vereidigung eine andere Stimmung, die Atmosphäre war anders, die Luft atmete sich leichter … Johanna schritt mit gutem Gefühl Hand in Hand mit Heinz durch das Terminal des Flughafens. „Seht her, mein Freund ist weiß!“, hätte sie am liebsten laut gerufen.

Diese Stimmung hielt an, bis das Taxi vor dem leerstehenden Haus hielt. Der Fahrer holte das Gepäck aus dem Kofferraum, wünschte den beiden eine gute Zeit und fuhr davon.

Das Telefon war immer noch in Takt, und Heinz rief sofort seine Firma an, selbstverständlich bekomme er seinen alten Job zurück. Es herrschte schließlich Aufbruchsstimmung im neuen Südafrika. Doch zunächst hieß es eine Wohnung finden, nach zwei Tagen fand er in Northcliff ein Reihenhaus in der passenden Größe und in der richtigen Lage.

Heinz klingelte an dem elektrischen Gate. Eine Dame mittleren Alters öffnete und hieß Heinz willkommen, ja, das Haus sei noch zu haben. Nach kurzer Zeit hatte Heinz eine tolle Bleibe gefunden mit einem eigenen Garten. Es erinnerte ihn an das Haus seiner Eltern, nur wesentlich kleiner, auch finanziell passte es zu seiner Lohntüte.

Dann besuchte er ganz in der Nähe seine Eltern und auch seine inzwischen flügge gewordenen Schwestern. Es waren richtige attraktive junge Damen geworden und gar nicht mehr zickig, fand Heinz. Sein Vater war offenbar nicht begeistert, dass sein Sohn den Onkel nach Südafrika eingeladen hatte. „Komisch“, dachte Heinz, als er zurückfuhr.

Schon das kommende Wochenende wollten Johanna und Heinz in ihr gemeinsames Haus einziehen, Schwarz und Weiß unter einem Dach, wieder ein völlig neues Gefühl. Das Haus war möbliert wie viele in Südafrika, und die wenigen Sachen, die sie mitnehmen wollten, waren schnell gepackt.

Heinz klingelte am Gate des Hauses, wieder öffnete die Frau und gab Heinz die Schlüssel für ihr neues Zuhause. Dann stieg Johanna aus dem Auto … „Gehört die zu ihnen?“, rief die Frau schrill. „Ja“, sagte Heinz ruhig, „sie ist meine Freundin.“ Die Frau schlug die Hände über dem Kopf zusammen. „Um Gottes willen“, rief sie, „eine Schwarze in unserem Komplex!“ Sie lief durch die Wohnanlage und schlug immer wieder die Hände über dem Kopf zusammen.

Heinz war sprachlos, aber er war sich dessen bewusst, dass es kein Gesetz mehr gab, was Schwarzen verbieten würde zu wohnen, wo sie mochten.

Seelenruhig trugen Heinz und Johanna ihre Habseligkeiten ins Haus, während die keifende Frau draußen ihrem Unmut Luft machte. Nur Schimpfwörter für Schwarze vermied sie tunlichst, denn dafür drohte im neuen Südafrika jetzt Gefängnis.

Während Heinz die Freude über das erste gemeinsame Haus gründlich versalzen war, verhielt sich Johanna völlig normal, sie machte keinen enttäuschten Eindruck und schien sich über den schönen Garten zu freuen. Am Abend beobachteten sie, wie die Frau von Haus zu Haus ging und die anderen Bewohner in die Lapa, einen Platz im Komplex, wo alle Mitbewohner gelegentlich zusammenkamen, um sich auszutauschen, zu feiern oder Ähnliches, zusammenzutrommeln.

Heinz war gespannt, was man dort besprechen wollte, denn es gab keinerlei gesetzliche Handhabe mehr, Johanna aus dem Haus zu weisen, man könnte sie allenfalls vergraulen … Und vergraulen hieß für Heinz, den längeren Arm oder mehr Ausdauer zu haben. „Mal sehen", dachte Heinz.

Am Abend kam ein älterer Anwohner und

klingelte. „Kann ich mit euch sprechen?" Heinz ließ ihn eintreten. „Also", sagte der Mann, „die Frau, die euch so unfreundlich begrüßt hat, heißt June. June hat vor einigen Jahren ein schreckliches Erlebnis gehabt, sie ist von Schwarzen überfallen und schwer misshandelt worden. Dieses Erlebnis holt sie jedes Mal ein, wenn sie einem Schwarzen begegnet, gebt ihr ein wenig Zeit. Alles wird gut - jetzt im neuen Südafrika."

Am nächsten Morgen war keine June mehr zu sehen, aber sie war da, hinter irgendeinem Fenster wurden der Weiße und die Schwarze beobachtet, man konnte es fühlen. Heinz nahm sich vor, die gegenwärtige Situation zu ignorieren, die Rassisten gab es anscheinend nicht mehr, man hörte nur noch Stimmen, die ja immer schon mit den Freiheitsbewegungen sympathisiert hatten, keiner wollte es gewesen sein. Die Stimmung in Südafrika war, als hätte jemand einen Knoten gelöst, und alle wussten, dass dieser Jemand Nelson Mandela war.

Allmählich kehrten die Unternehmen ins Land zurück, wenn auch nur zögerlich, man traute dem Frieden nicht. Heinz wusste von Kobus, dass die Hartgesottenen sich in den Untergrund verzogen hatten, wo sie aus bestimmten Gründen nicht von sich reden machten. Aber sie waren da! Und sie verhielten sich sehr bedeckt und versuchten sich unauffällig neu zu organisieren. Nur einer machte nach wie vor von sich reden, allerdings machte er dabei keinen Fehler und achtete peinlichst darauf, gegen kein Gesetz zu verstoßen. Dieser Jemand war kein anderer als Eugène Terre'Blanche, der auf seiner Farm weiterhin sein Unwesen trieb, eben nur anders, indem er darauf achtete, dass es keine Zeugen gab. Nach der Devise „Wo kein Kläger, da kein Richter" funktionierte das auf seiner abgelegenen Farm anscheinend vorzüglich.

Heinz war sich sicher, das Terre'Blanche ihn und Johanna nicht mehr im Visier hatte, warum auch, sie verstießen ja nicht mehr gegen die Apartheidsgesetze. Doch eines hatte Heinz nicht bedacht, die Tatsache, dass die hübsche Johanna ohne Angst ihr Territorium nicht verlassen konnte, weil der immer noch einflussreiche ehemalige Hotelmanager eine Wut auf Johanna hatte! Die wusste er nicht zu bändigen, immerhin hatte sie ihn zutiefst in seiner Ehre getroffen. Noch nie hatte eine Schwarze es gewagt, ihn so zu entehren, immer wenn er daran dachte, schien er den Schmerz zwischen seinen Beinen zu spüren. Er setzte seinen Freund Terre'Blanche derartig unter Druck, ihm dieses Biest Johanna zu liefern, koste es, was es wolle...

Im Laufe der Zeit gewöhnte sich June daran, in ihrer Umgebung eine schwarze Person zu haben. Johanna verhielt sich vorbildlich und achtete darauf, kaum Besuch von ihresgleichen zu empfangen, und versuchte, das Vorurteil ihr gegenüber auszuräumen, dass Gewalttätigkeiten mit ihrem Besuch verbunden seien. June war eben ein gebranntes Kind, und es brauchte Zeit, bis sie verstand, dass es unter den Schwarzen Böse und Gute gibt - wie bei den Weißen …

Der Durchbruch kam schließlich, als in der Lapa ein Geburtstag gefeiert wurde, wozu automatisch alle Bewohner des Wohnkomplexes eingeladen waren. Die Gäste brachten diesmal auch ihre Bediensteten mit, zu vorgerückter Stunde sangen die Schwarzen ihr Shosholoza, ein Lied, welches jeder Weiße und jeder Schwarze als heimliche Nationalhymne betrachtete.

So klang dieses wunderschöne Lied über die Mauern der Wohnanlage in den Nachthimmel von Northcliff hinaus. Bei genauem Hinhören ließ sich vernehmen, dass dieser Gesang in Northcliff irgendwo Begeisterung ausgelöst haben musste, bei Menschen, die kräftig mitsangen.

Heinz traute seinen Augen nicht, als er sah, dass June und Johanna nebeneinander saßen und sangen. Das Eis war von nun an gebrochen, und zwischen June und Johanna bahnte sich tatsächlich eine Freundschaft an, die noch lange dauern sollte.

Überall in Südafrika spielten sich vermutlich ähnliche Szenen ab, denn die schwarze Bevölkerung realisierte langsam, dass sie nun überall wohnen durfte, sich nach Belieben äußern und sich ohne Zeitvorgaben aufhalten durfte, wo immer sie wollte. Das neue Südafrika erwachte …

Schon bald darauf geschah das Unglaubliche: Nelson Mandela und FW de Klerk wurden mit dem Friedensnobelpreis ausgezeichnet. So erhielten zwei Leute, die sich einmal feindlich gesinnt waren, gemeinsam diesen Preis. Die Feierlichkeiten wurden von der ganzen Welt verfolgt und die Verdienste der beiden - ungleichen - Männer auf höchster Ebene gewürdigt.

Verschiedentlich fiel der Name von Martin Luther King, der einmal gesagt hatte „I Have a Dream“, und dieser Traum war für Nelson Mandela nach 27 Jahren Gefängnis endlich wahr geworden.

Die Welt versuchte zu verstehen, dass Vergeltung nicht die Antwort war, sondern Vergebung die richtige Medizin, um zwei so unterschiedliche Kulturen friedlich zu vereinen.

Die Südafrikaner fingen an zu begreifen, dass man aufeinander angewiesen war.

Inzwischen hatte Terre'Blanche eine vielversprechende Information erhalten, er wusste jetzt, wo Cindy zu finden war und ihr Partner John. Seine Schergen hatten die beiden gefunden durch die alte Adresse von John. Nun würde Terre'Blanche die von Johanna bekommen, er wusste auch, wie. Er schmunzelte bei dem Gedanken, wie er Cindy auf seiner Farm gesprächig machen würde. Dabei übersah er allerdings eine Kleinigkeit …

Einige seiner treuesten Schergen, die ihm noch verblieben waren, hielten sich schon seit Tagen in Northcliff auf und machten dort die Gegend unsicher. Sie durften sich ja keine Schwarzen mehr nach Belieben greifen, sondern mussten ihre Angelegenheiten auf anständige Art und Weise regeln. Das gelang auch in den Nachtbars von Northcliff, wo unternehmungslustige schwarze Frauen die neue Freiheit ausprobierten. Dort gerieten die Männer durch Zufall an John und Cindy, die gelegentlich am Abend ein Bier tranken, wo Cindy sich unabsichtlich verriet.

Sie erzählte von der Farm in Rustenburg, wo sie schon einmal gefangen war mit einer Freundin, dann aber fliehen konnte. Obwohl die Getreuen nicht gerade mit Intelligenz gesegnet waren, begriffen sie doch ziemlich schnell, wen sie da vor sich hatten. Bewusst verriet Cindy nicht, wo die schöne Johanna zu finden war, worauf die Burschen am nächsten Morgen ihren Boss anriefen und sofort den Auftrag erhielten, unauffällig die Dame zur Farm zu bringen, möglichst heile, hatte Terre'Blanche betont.

So geschah es, dass Cindy zwei Tage später in derselben Bar beim Toilettengang spurlos verschwand. John, der ja kein Liebesverhältnis zu seiner Freundin hatte und sich nicht sonderlich um sie sorgte, bemerkte ihr Verschwinden erst, als Cindy schon gefesselt auf dem Rücksitz eines Jeeps lag auf dem Weg ins nächtliche Rustenburg.

John machte sich erst am nächsten Morgen ernsthaftere Gedanken und besuchte deshalb Heinz auf seiner Arbeitsstelle. Erstaunt hörte sich Heinz die Geschichte an und hatte sofort den Verdacht, die Geschichte mit Johanna in Verbindung zu bringen … „Warte noch einen Tag, wenn sie bis dahin noch nicht wieder aufgetaucht ist, fahren wir nach Rustenburg und suchen sie", schlug Heinz vor. „Gib ihr noch einen Tag länger, sie wird es genießen", erwiderte John schmunzelnd und verließ das Büro. Heinz verstand. Cindy würde den Aufenthaltsort von Johanna nicht verraten, schon gar nicht auf der Farm von Terre'Blanche.

Heinz war sich darüber im Klaren, dass es noch eine Weile dauern würde, bis sich alles normalisierte, denn das ganze öffentliche Leben musste sich neu organisieren, die Busse und Züge, die sonst nur Weiße mitnahmen, durften jetzt auch Schwarze transportieren und umgekehrt. Ganz reibungslos ging das natürlich nicht ab. Es war erstaunlich, wie gewöhnungsbedürftig Freiheit sein konnte, wenn man plötzlich mit ihr konfrontiert wurde.

Zu Hause erzählte Heinz Johanna, dass Cindy mit aller Wahrscheinlichkeit entführt worden sei. Die Antwort verdutzte Heinz. „Ja", sagte sie nach einigem Zögern, „das habe ich erwartet." Heinz konnte sich keinen Reim darauf machen, hatte sie damit gerechnet, dass man Cindy entführen würde, was wusste Johanna? Johanna blieb Heinz aber weitere Erklärungen schuldig.

Auf der Farm wartete Terre'Blanche auf die Ankunft seines Jeeps und hoffentlich mit der schwarzen Nutte Cindy, die ihm die langersehnte Adresse der schönen Johanna liefern würde. Dann wäre er endlich den lästigen Hotelmanager los, der ihm jetzt sogar drohte, vertrauliche Informationen zu veröffentlichen. Und das würde ihm im neuen Südafrika das Genick brechen. So war der Aufenthaltsort der liebreizenden Johanna eine Art Lebensversicherung für ihn geworden, er musste die Adresse haben!

Als der Jeep endlich auf das Farmgelände fuhr, hatte Terre'Blanche gerade seine Whiskyflasche geleert, mit der nötigen Bettschwere befahl er seinen Leuten, die gefesselte Schwarze einzusperren, dann ging er schlafen.

Was die beiden Männer mit der gefesselten Cindy machten, bekam Terre'Blanche nicht mehr mit, der schlief seinen abendlichen Rausch aus. Cindy hingegen genoss die Brutalität der beiden Männer und fühlte sich relativ sicher, weil sie wusste, dass sie die Farm zur rechten Zeit wieder verlassen würde - und sie wusste auch, wie.

Am nächsten Morgen beim Frühstück hing immer noch ein dickes Fragezeichen in der Luft, bis Johanna sich entschloss, Heinz aufzuklären. Sie hatte Cindy vor einigen Tagen beim Einkaufen getroffen, wo diese ihr erzählte, dass sie beobachtet würde. Sie hatte die beiden Gestalten von der Farm wiedererkannt und glaubte zu wissen, was sie vorhatten. Terre'Blanche musste den Verbleib von Johanna herausfinden, da diese durch ihren Wegzug spurlos verschwunden war. Ein Einwohnermeldeamt wie in Deutschland gab es in Südafrika nicht.

Falls Cindy nun entführt wurde, um den Verbleib von Johanna durch körperliche Gewalt zu erpressen, entsprach das ihrer Neigung … Sie bastelte an einem Plan, mit dem sie Terre'Blanche zu überführen gedachte, oder besser, der Polizei die Handhabe zu geben, dem Treiben des brutalen Terre'Blanche ein Ende zu bereiten. Cindy brauchte, wenn sie auf ihre Kosten gekommen war, nur Zugang zu einem Telefon, um die Polizei zu rufen …

„Moment", sagte Heinz, „ist Cindy sich dessen bewusst, welches Risiko der Plan birgt? Das ist hochgefährlich! Terre'Blanche ist zu allem fähig, der lässt Leute, die ihm gefährlich werden könnten, einfach verschwinden, besonders wenn sie schwarz sind." Aber irgendwie hatte Cindy Recht, man konnte dem Mann auf der abgelegenen Farm bisher nichts nachweisen, dazu brauchte es einen Zeugen. Und genau das war Cindys Plan! Heinz hatte begriffen. „Heute Mittag fahren wir nach Rustenburg", sagte er entschlossen.

Heinz nahm sich für den Tag frei und fuhr stattdessen zur Polizei und erklärte dem zuständigen Beamten seinen Plan. Als der Beamte den Namen Terre'Blanche hörte, hatte Heinz das Gefühl, in ein Wespennest gestochen zu haben. Er telefonierte mit dem Revier in Rustenburg, hörte das Wort Überfallkommando und erhielt zum Schluss die Weisung, seine Verlobte tunlichst zu Hause zu lassen.

Man wartete nicht bis Mittag, sondern fuhr gleich los, Treffpunkt war das Polizeirevier in Rustenburg. Man hoffte, dass Cindy noch lebte und im richtigen Moment den Zugriff zu einem Telefon haben würde. Die Stimmung sprach nicht gerade für Optimismus, denn der Ruf, der Terre'Blanche vorausging, sprach für sich …

Am nächsten Morgen wachte Cindy mit dem ihr so bekannten Prickeln im Körper auf. Schon bald erschienen die beiden Kerle wieder, fesselten die gekonnt strampelnde Cindy und schleppten sie über den Hof in die häuslichen Gefilde des Terre'Blanche. Dort wurde sie unsanft auf einen Stuhl befördert, um auf den Hausherrn zu warten.

Nach einer halben Stunde, die Cindy vorkam wie eine Ewigkeit, erschien Terre'Blanche und kam sofort zur Sache. „Wo ist die Nutte Johanna? Du weißt es doch, du musst es wissen, also los!", schrie er. „Keine Ahnung", entgegnete Cindy trotzig. „Wenn du es mir nicht sagst, wirst du mich mal wieder kennenlernen, diesmal aber richtig!", drohte Terre'Blanche. „Arschloch, du mieses", erwiderte Cindy aufmüpfig. „Also los, zieh dich aus und ab nach nebenan!" Cindy zog sich erwartungsvoll aus und begab sich in den Raum nebenan, wo sie der Marterpfahl erwartete.

Terre'Blanche roch nach Whisky, als er sie auspeitschte und sich genussvoll an ihr verging. Plötzlich waren von draußen Schüsse zu hören, Tumult brach aus, und schon flog die Tür zur Folterkammer auf. Schwer bewaffnete Polizisten stürmten ins Zimmer, machten Terre'Blanche dingfest und befreiten Cindy. Heinz grinste, als er die nackte Cindy erblickte, wohl wissend, welche Neigungen sie von Zeit zu Zeit genoss.

In den Verhören stellte sich heraus, dass wider Erwarten ein Farmmitarbeiter den Anruf getätigt und somit die Polizei benachrichtigt hatte, die schon darauf wartete. Im folgenden Strafprozess war Cindy die Kronzeugin, und erstaunlicherweise meldeten sich noch so viele Zeugen, dass Terre'Blanche für den Rest seines Lebens ins Gefängnis wanderte. Wieder fand eine unschöne Episode der Apartheidzeit ein Ende.

Allmählich etablierte sich die Barclays-Bank wieder in Südafrika. Sie hatte während der Apartheid aus Protest Südafrika verlassen, allerdings firmierte sie nun unter dem Namen „First National Bank“ und wurde schnell zur führenden Bank in Südafrika.

Alles in allem nahm der Umbruch im neuen

Südafrika eine positive Entwicklung, und es schien, als hätte die ganze Nation, ob schwarz oder weiß, darauf nur gewartet. Die ehemalige National Party war jetzt wieder im Parlament vertreten, allerdings in der Opposition, und nannte sich Democratic Party - demokratisch gewählt von der gesamten Bevölkerung.

Auch wurden Leute wie Terre'Blanche nach und nach der ordentlichen Gerichtsbarkeit überführt. Nur Heinz machte sich noch Sorgen wegen eines Mannes, und das war der gedemütigte ehemalige Hotelmanager. Heinz glaubte zu wissen, dass dieser Mann nur ein Ziel hatte, und das war die Vernichtung seiner Johanna, keine Schwarze durfte ihn ungestraft in sein Allerheiligstes treten. Der Mann befürchtete, dass der Tritt einen bleibenden Schaden zwischen seinen Beinen hinterlassen hatte, denn gewisse Schmerzen erinnerten ihn an die Schuldige, außerdem glaubte er tatsächlich immer noch, dass er das Recht hatte, Schwarze zu foltern und zu vergewaltigen.

Johanna glaubte an das Gute im Menschen, es war ihre erfrischende Art, die Dinge positiv zu sehen. Hin und wieder sprach sie sogar von Heirat, denn das war jetzt zwischen Schwarz und Weiß erlaubt. Und Heinz war sich sicher, dass der wütende Manager niemals den Aufenthaltsort seiner Johanna erfahren würde.

Sie saßen im Garten ihres Reihenhauses und schauten schweigend in den Sternenhimmel des südlichen Afrikas, deutlich war das Kreuz des Südens zu sehen. Es lag auf der Hand, dass beide an ihre Zukunft dachten, an eine gemeinsame und glückliche im Land der Regenbogennation.

Was Heinz nicht wusste, war die Tatsache, dass der längst arbeitslose Manager alles daransetzte, um die verhasste Johanna ausfindig zu machen, in seiner Wut verirrte er sich in alle möglichen Fantasien, wie er seine Rache auszuüben gedachte. Ein nahezu hoffnungsloses Unterfangen angesichts einer geschätzten Population von 6 Millionen Menschen im Großraum Johannesburg und natürlich auch des Nichtvorhandenseins eines Einwohnermeldeamtes.

Eines Tages lief ihm die verrückte Cindy über den Weg, und er kam auf die Idee, sie in Verbindung mit seinem inhaftierten Freund Terre'Blanche zu bringen. Hatte er sie entführt und gequält, um den Aufenthaltsort von Johanna zu erfahren? Der Manager änderte seine Strategie, er wartete auf die passende Gelegenheit, um Cindy auf seine Weise auszufragen, doch zunächst musste er sie in seine Gewalt bringen.

Schon bald ergab sich eine gute Gelegenheit,

er folgte ihr auf den Northcliff-Berg, wo kaum Zuschauer zu erwarten waren, dort konnte er das Biest in seine Gewalt bringen. Cindy, die längst bemerkt hatte, dass ihr jemand nachstellte, beschloss, dem Mann eine Falle zu stellen, denn die Möglichkeit, ihrer Neigung zu frönen, schloss sie nicht aus. Es wurde für sie ein Volltreffer! Der Manager konnte oben auf dem Berg ihrer habhaft werden, fesselte und brachte sie in seine Residenz, wie er seine Wohnung nannte.

Der Manager machte seiner Wut Platz, zur Freude von Cindy. Doch dann verlor er, als Cindy nicht verraten wollte, wo Johanna zu finden war, die Gewalt über das Geschehen, was Cindys Lust abrupt zum Erlöschen brachte.

Am nächsten Morgen stand in der Sunday Times ein Artikel, der Heinz aufhorchen ließ. Ein Mann war unter mysteriösen Umständen in seiner Villa in Rustenburg ums Leben gekommen … Die Bemerkung, dass es sich wohl um den ehemaligen Manager des Mariston Hotels handelte, ließ Heinz seine heimliche Sorge, die er noch hatte, zu Grabe tragen. Heinz wusste, dass es Mord war - ein Mord, der niemals aufgeklärt werden würde …

Johanna hatte von alldem nichts mitbekommen. Unbekümmert saßen sie in ihrem Garten und waren beschäftigt mit einem ganz neuen Thema: ihre bevorstehende Heirat. Es gab viel zu besprechen.

Als Heinz mit Johanna das Department of Home Affairs aufsuchte, staunte niemand über ihren Heiratswunsch, es war zum gängigen Alltag geworden in Südafrika. Johanna hieß nun mit Familiennamen Köhler.

In ihrem Reihenhauskomplex war man bei ihrer Heimkehr sehr beschäftigt, die Lapa herzurichten, große Ereignisse werfen eben ihre Schatten voraus. Heinz und Johanna hatten keine Ahnung, wer am Abend zu ihren Gästen zählen würde, man lud in Südafrika nicht ein, man kam einfach.

Ein Warzenschwein brutzelte eingebuddelt in der Erde vor sich hin, eine Delikatesse, bedeckt mit Erdreich, brennender Holzkohle und Palmwedeln, am Abend würde es dann weich wie Butter sein und von erlesenem Geschmack.

Am Abend wartete man gespannt auf die Braut, und Johanna verstand es, Spannung zu erzeugen, als sie endlich erschien, ging ein Raunen durch die Menge. Johanna trug ein traditionelles Kostüm mit einem kleinen Turban, sie sah bezaubernd aus. Und als Heinz und Johanna Blicke in die Runde warfen, staunten sie nicht schlecht, neben den Nachbarn war das gesamte Stammpersonal des Mariston Hotels anwesend, auch Cindy und John hatten ihren Weg nach Northcliff gefunden.

Und man höre und staune ... Denis Goldberg hatte sich eingefunden, um dem ungleichen Paar die Ehre zu geben. In seiner späteren Ansprache betonte er, dass er das Ehepaar im Mariston Hotel kennengelernt hatte und deren Werdegang verfolgt hätte und für ihn dieses Ehepaar zu Symbolfiguren im neuen Südafrika geworden war. Unter anderem betonte er zum Schluss noch, dass Südafrika das für unmöglich Gehaltene wahr gemacht hatte, nämlich statt Rache zu üben zu vergeben. „Wir sind eine stolze Nation geworden, wir, die Regenbogennation."

Einer stimmte die Nationalhymne an, „Nkosi Silkelel' iAfrika" - Gott schütze Afrika. Das Lied hallte über die Dächer hinaus, und man hatte den Eindruck, dass ganz Northcliff mitsang. Heinz fühlte, dass die schwarzen Gäste und Bediensteten das Gefühl der Freiheit noch nicht so recht genießen konnten, scherzhaft dachte er, dass es wohl besser gewesen wäre, den Schwarzen die Freiheit scheibchenweise zu verabreichen nach Jahrzehnten der Unterdrückung. Schließlich gab es Generationen, die nicht wussten, wie Freiheit sich anfühlt.

Aber Nelson Mandela hatte strikt nach seiner Überzeugung gehandelt und sich an den Artikel des Grundgesetzes gehalten: Die Würde und die Freiheit des Menschen sind unantastbar.

LESEN SIE MEHR VON ROLF STÖVER BEI DEBEHR

Wir wurden von der Polizei angehalten und gebeten, abzusteigen und die Helme abzunehmen. Die Polizisten waren recht höflich, aber als Naniki ihren Helm abnahm, war klar, sie war keine Weiße. Die Höflichkeit war wie weggeblasen, einer zog seinen Gummiknüppel, sprach sogar von Hure. Ich bekam es mit der Angst zu tun, wissend, wie brutal sie gegenüber Nichtweißen sein konnten? Südafrika. Beruflich in dem von Apartheid dominierten Land tätig, lernte ich die Liebe meines Lebens kennen - Naniki. Und was mir das Natürlichste der Welt erschien, eine Liebe leben zu dürfen, Gefühle miteinander zu teilen, den Rest des Lebens gemeinsam zu verbringen, sollte zu einer Zerreißprobe werden. Es waren gesellschaftliche Kräfte am Werk, Vorurteile, Gewalt? Ein spannender authentischer Roman über die Kraft der Liebe.

ISBN: 9783939241966, 260 Seiten Taschenbuch

Nelson Mandela war gerade als Präsident eines freien und nun demokratischen Südafrika vereidigt worden, als Naniki und ich uns entschlossen, nach Südafrika zurückzukehren. Meine Frau war glücklich, konnte sie doch endlich nicht nur ihre Heimat wiedersehen, sondern auch ihre Familie. Nun saßen wir wieder im Flugzeug auf dem Weg in ein neues demokratisches Südafrika, wir flogen in die „Regenbogennation“, wie dieses Land nun weltweit bezeichnet wurde. Doch hatte sich Südafrika wirklich gewandelt? Bald sollten wir die schmerzliche Wahrheit erfahren, und bald würde Naniki dem Tod sehr nahe sein... Ein authentischer Roman über die Kraft der Liebe im Land der Apartheid... 310 Seiten Taschenbuch.

ISBN: 9783944028491

Ich war allein nach Südafrika ausgewandert, doch fehlte mir mein Dackel bald, also holte ich Emma nach. War das eine Freude! Endlich waren wir wieder beisammen. In SÜDAFRIKA! Emma - ein echter Dackel - benahm sich, wie es ihre Natur ihr vorgab. Sie war ein Jagdhund. Und der Busch steckte voll ihr unbekannter Tiere... Rolf Stöver erzählt die wahre abenteuerliche Geschichte seiner Hündin Emma, die ihm zum anderen Ende der Welt folgte. 98 Seiten Taschenbuch.

ISBN: 9783944028156

Ich erkannte meine Frau Naniki nicht wieder. Sie, die stets stolz, anmutig und zuversichtlich war, war in sich zusammengefallen, ängstlich, verstört. Bisher hatte sie nie über ihre Kindheit erzählt, doch was sie nun preisgab, ließ mich zutiefst erschauern. Ihr Vater war vor ihren Augen ermordet worden, als sie noch ein Kind gewesen war. Jetzt hatte sie den Mörder erkannt. Und dieser war ihr nun auf den Fersen, denn eine Zeugin für sein Verbrechen bedeutete für ihn eine Gefahr, die er umgehend aus dem Weg räumen wollte. Ich war in Südafrika Baustellenleiter für eine deutsche Firma, die für die Trockenkühlung eines im Bau befindlichen Kraftwerks tätig war, während Naniki als Kosmetikerin für eine französische Firma arbeitete. Dass meine Baustelle 400 km entfernt mitten im afrikanischen Busch an der Grenze zu Botswana lag, wurde nun zu einem Problem, weil ich oft mehrere Tage zusammenhängend auf der Baustelle verbringen musste. Naniki würde dann allein sein, ausgerechnet jetzt, wo sie zur Zielscheibe geworden war. Doch meine Frau schmiedete einen Plan.

Sie hatte als Kind ein Versprechen gegeben, dies wollte sie nun einlösen – das Versprechen der Rache. Ein autobiografischer Roman. 244 Seiten Taschenbuch.
ISBN: 9783957534620

ÜBER DEN AUTOR

Rolf Stöver ist Jahrgang 1947. 1983 immigrierte er nach Südafrika. 2010 kehrte er nach Deutschland zurück. Die Jahre auf dem schwarzen Kontinent katapultierten ihn in eine Welt, in der die Hautfarbe über Wohl und Wehe entscheidet. Mit Naniki ist er verheiratet.